太极拳道

实战模拟推手

郑琛 著

人民体育出版社

太极拳道

李德生

原中共中央副主席、中央顾问委员会常委、
中国人民解放军国防大学政治委员、
中国武术协会名誉主席　李德生上将
为太极拳道题词

作者手书《太极道诀》

第一届太极拳道功理功法研讨会纪念

中国·西安

第一届太极拳道功理功法研讨会·2011年7月

西安电子科技大学教职工武术协会成立暨第二届太极拳道功理功法研讨会

第二届太极拳道功理功法研讨会·2016年7月

作者与陕西省武术管理中心常务副主任、陕西省武术协会副主席潘红军先生合影

作者与西安市武术协会常务副主席方秀敏先生合影

太极拳道传承者(五兄弟)合影
左起：李耀美、牛西京、郑琛、陈少杰、郑瑄

郑琛与胞弟郑瑄（左）推手

作者与西安市太极拳道协会会长、弟子山新楼合影

西安市太极拳道协会

西安大明宫太极拳道辅导站　　　　西安小北门太极拳道辅导站成立授旗

山西太极拳道山右太极王春保武馆　　西安西站太极拳道辅导站

广西南宁太极拳道协会（筹委会）暨　　陕西户县（鄠邑区）太极拳道协会
广西–巴马人生太极拳道协会（筹委会）

湖北孝感太极拳道研修会　　深圳太极拳道辅导中心

湖北随州阳光太极拳道培训中心　　湖北宜昌太极拳道辅导站

四川涪江太极拳道辅导站　　终南山太极拳道协会

西安市西门西苑太极拳道辅导站　　　北京太极拳道协会（筹委会）

参加本书插图人员集体合影

后排左起：王伟锋、靳　奎、魏武荣、朱敏尔、张　涛、潘银禄、陈少杰、董雪飞、郑　琛、李耀美、山新楼、郑　瑄、郑　珍、冯永胜、刘晓青、郑士民、杨勇刚

前排左起：白天翔、安乃明、李迎兵、马中发、吕　群、普　凡、李玥茳、包新鲜、李银珠、黄凤文、李伟华、鱼从军

序 一

恩师郑琛先生大作《太极拳道：实战模拟推手》一书付梓，嘱我为序，不胜惶恐之至。不肖弟子，艺疏德浅，何敢为师作序？然虽再四谢辞，终难违师命，惴而提笔。

1985年我考入西北电讯工程学院（现名西安电子科技大学），1987年有缘在校园得遇先生，自此跟随先生习练武当赵堡和式太极拳。两年后的1989年7月，蒙先生错爱，允我拜师，忝列门墙，成为门下二弟子。拜师仅两天后，我便大学毕业，辞别先生远赴辽西投笔从戎。此后的28年间，我从东北到京城，从军队到地方，几经迁移变动，一直未能随侍师侧。随着通讯的发达、交通的便利、出版的兴盛，与先生之间由最初十数年间的偶通书信，到后来数年一次见面，再到近年一年数次见面，平常电话短信微信时有沟通，联系日渐频繁，平时练拳习道，亦多从先生《太极拳道》《太极拳道诠真》等书中寻理释惑、汲取营养，自忖对先生之太极拳道思想能略窥一二。近日拜读先生新作《太极拳道：实战模拟推手》书稿，全书视野益阔、思维益密、理论益深、阐述益精，述源娓娓道来，阐理深入浅出，论拳精准到位，方始惊觉近年来先生之太极拳道思想在理论和实践层面又已臻更新更高境界。

先生之太极拳道思想是继往开来的。先生首倡太极拳道，尊张三丰为祖师，承传张三丰、刘古泉、王宗岳、蒋发直至郑悟清、郑锡爵等所练之武当赵堡太极拳，自称太极拳道传承者。先生习练武当赵堡太极拳过程中，既尊重传统又不拘泥传统，结合自己对太极阴阳变化之感悟和习拳练功之体悟，毅然决然"冒天下之大不韪"，大胆对老祖宗所传拳架作革命性改动。原练拳架虚实未能分清，部分动作以小马步来回搓动，长时间练习后易伤双膝，先生遂据太极走圈原理，逐渐修改调整，把拳式走圆、划圈、走顺之后膝关节便日益好转，因之总结发展出太极拳道"划圈走圆"之一大特点。同时又对金刚式进行调整，不但使拳架和推手一致，更重要的是使拳架和散手实战一致，且符合太极大道。按照调整后的拳架练习，先生更加深刻地领悟了郑悟清老先生所称"金刚三大对是赵堡太极拳的精华"。2000年，先生根据《太极道诀》《张三丰太极炼丹秘诀》和《太极秘术》等相关传统资料，提出返璞归真，追本溯源，按照老祖宗本来的思想，将调整修改后的太极拳命名为"太极拳道"。太极拳道的拳架、推手和散手，既未脱老祖宗所传之正道，又在实践中不断调整创新，愚以为，其成熟之过程，便是"解放思想、转变观念，尊重传统、勇于创新，承前启后、继往开来"之过程，秉此精神，才有今日太极拳道朝气蓬勃之良好态势。

  先生之太极拳道思想是与时俱进的。先生对太极思想的认知，既非与生俱来，亦非一成不变，是在不断学习实践探索中，与时俱进总结提炼而来；对太极拳道拳架的调整纠偏定型，亦非一日之功，而是与时俱进、日积月累所成。先生自幼习练八卦拳、弹腿、少林拳、功力拳，后又研习中外各路技击，对中华南拳北腿、东亚西洋技击都有涉猎研究，且曾学习他派太极拳，但直至学练赵堡和式太极拳之后，"始认识何谓太极拳，真正体验了太极拳是修道之学"。然则先生又未止步于此，在数十年专心致志、潜心学研的基础上，大胆假设、小心求证，每有体会辄心记笔录，不断积累深化对太极大道之认知，并在行拳推手实践中加以印证。先生坦承，太极拳道到底练的是什么，自己也是知道太极图的理论之后经过很多年逐渐领悟的，不是一开始就明白。"太极拳道"这个名称，是先生与时俱进渐悟而得；"太极拳练的就是阴阳变换，亦即《易经》所言亦阴亦阳的变化"，也是先生与时俱进渐悟而得；"以脊柱行拳"，是先生与时俱进渐悟而得之精华；将前人所言"其大无外其小无内"融入太极拳道理论和实践，亦是先生与时俱进渐悟而得；一式二圈三水四心五气，更是先生综括多年与时俱进领悟所得之太极拳道核心训练理念。当然，最能体现先生与时俱进的，当数太极拳道拳架本身，这是在赵堡太极拳基础上，循太极运转之道，顺阴阳变化之理，一个动作一个动作调整纠偏而成，集中了先生所有的太极拳理论和思想，所以，先生才会说："太极拳道的功夫完全来自拳架！"先生尤其强调：太极拳道的训练还需要以太极拳本身已有的理论和训练为基础，创造新的训练方法，不断完善它，使它永远都在"发展中变化，变化中发展"，太极拳道本身就是一种动态的、发展的、变化的、全新的拳道，与时俱进，所有修炼太极拳道的同仁皆需明白此理。

先生之太极拳道思想是一以贯之的。先生毕生致力于传承光大中华传统文化中的武术真功夫，数十年如一日孜孜以求，最终在太极拳中寻得真谛。愚以为，先生所倡太极拳道，以"道"为"里"、以"拳"为"表"，强调的是"表里如一"。"拳"即太极拳道之拳架、推手、散手，"道"即贯穿于太极拳道拳架、推手、散手中的理论根基——太极大道。

太极乃世间万物之本源，太极拳作为武术流派之一种，以太极阴阳变化理论为根基，且以此区别于其他武术流派。然则世间流行之太极拳，往往徒有太极之名而未具太极之实，注重"拳路"却偏离太极"拳理"，或偏霸蛮几近于硬功，或偏柔弱几近于舞蹈，阴阳不论，虚实不分，刚柔不济，行拳则伤筋挫骨损关节，推手则顶牛杠劲角蛮力，散打则胆怯势衰无胜算。针对此种流弊，先生在理论思考和实践探索基础上，提出太极拳道以金刚式为母拳，划圈走圆，把架子都盘成圈，这就是根本问题。先生有言：拳架是什么？是你的身形姿势。这个身形姿势，通过圆圈的练习，就变成了太极的圈。圈里有阴阳两仪、四象、八卦、八八六十四卦，可变化成无穷架势，最后变成无极的圈，就能变化无穷了。由此可见，先生提倡之太极拳道，理论上一以贯之的，就是"太极思想"，用先生之言，即太极的世界观和方法论；形态上一以贯之的，就是金刚式，用先生之言，即太极拳道的母拳；动作上一以贯之的，就是划圈走圆，用先生之言，即把身形练成太极之圈。

先生之太极拳道思想是求真务实的。太极拳道承继了赵堡太极拳三合一拳架之特点，拳架、推手和散手紧密结合，练用一体，轻松自然，不尚虚华，没有任何矫柔造作，装腔作势，不搞花架子，没有任何拿架子、摆架子之态，完全符合太极大道精神，是真正的"道法自然"。先生常说，我们练拳是给自己练功的，不是练给别人看的，追求的就是养生与技击并重。先生要求太极拳道行拳要"拳无定式"，完全从实战出发，其出发点是实战中双方拼杀皆为出其不意击其无备，用则无式练何有招？故有招无用，练而为战，必得练到拳无定式，出手不见手，手到不能走，方能夺势占机。先生对各种推手比赛导致"太极推手变成了一种玩意儿"深以为忧，直击推手和实战运用相分离之时弊，首倡实战模拟推手训练，并在本书《太极拳道推手能力修炼》一章中，开宗明义指出"太极拳道推手训练是一种徒手格斗的模拟训练"，要求太极拳道推手要简朴实用，一切模拟实战，目的性非常强，以金刚式应敌，达到攻防兼备，其务实之精神在本书中随处可见。

　　先生之太极拳道思想是包容开放的。先生练拳习武，追求的是真理，探索的是大道，其思想是包容的，其胸襟更是开放的。太极拳道凝聚了先生数十年勤练苦思的心血，但先生拒绝拳道名称冠以姓氏，言曰：我们不是单单的为练拳而练拳，大道是至高无上的，不能再给它弄个姓氏套到脖子上，这和拳道的本意是相悖的。先生练拳研理过程中，提倡"太极拳道应博采众长为我所用"，始终崇尚"达者为师"，非但没有太极拳门户之见，而且还向太极拳之外寻理问道，不仅从《易经》《老子》《黄帝内经》《孙子兵法》等古圣先贤传世典籍中汲取营养，也向哲学（辩证法、矛盾论等）、自然科学（宇宙结构、夸克、相对论等）、医学、心理学、运动生理学等武术之外学科广泛寻理，还向大成拳、形意拳和其他拳种门派问道取经，更从摔跤、拳击、弹腿等技击着法中取长补短。先生十分强调尊重武林各门派，教诲弟子门人要"道心多、人心少"，尊重人家的特点和长处，向人家学习，不得妄论他人不足，在门规中明令"团结武林，尊重各界。取人之长，补己之短。广博学识，为我所用"。尤其令人钦敬的是，先生屡屡强调，修炼太极拳道是传承中华传统文化，是弘扬民族精神，要提高思想品质与道德品质，提高精神境界，要上升到文化建设的层次，练好太极拳道，为人民谋身心健康、社会和谐，为民族和世界谋福祉，为子孙后代传承正能量。先生所倡太极拳道，非单纯立基于武术技击范畴，实着眼于宇宙太极之邈远，早已由"拳"升"道"。其闳大包容开放之思想胸襟，恰可印证太极之道"其大无外"！有缘者若能循先生之《太极拳道》《太极拳道诠真》及本书《太极拳道：实战模拟推手》递进习练，勤下苦功，定能在养生技击、性命双修、益智生慧诸方面大步飞跃。

先生命我作序时曾言："别人出书作序都找名人或专家来写，我只是想让更能了解我本意的人来写，反映出我的思想，写出我的本意。你不是为老师写序，而是为这个事写，为太极拳道写，为武术写，为中国传统文化写，为文化建设写，这样就会心无旁骛，为此写序，为此呐喊！"身为弟子，受宠若此，夫复何求？虽自知所感所悟甚为肤浅，难达先生本意之万一，仍不揣鄙陋，成文于此，以复师命，权为序。

太极拳道门人　周黎明

2017年4月9日于京西

序 二

太极是人类的觉醒！拜读恩师郑琛先生的大作《太极拳道：实战模拟推手》，对我的思想是又一次冲击与觉醒。因为这里不仅仅有太极和推手，更有因太极而生的人生大道！

《周易》中说，极者，是谓大到无外，小到无内。先生则是把太极拳的精髓领悟到了极致，也发挥到了极致，其深，不可测，其广，不可量，实在让人惊叹！可以说，先生对于太极拳的学习、实践和研究，到了一种痴迷的境界，他甚至是把太极拳文化作为人生的一个课题在研究。几十年摸爬滚打，竟成大家，其论大胆，其言也新，曾引业界人士震惊，终把太极拳精神、拳道、推手提升到了一个全新的高度！适逢先生新作《太极拳道：实战模拟推手》出版之际，让我为其作序，惶恐不已。但仍想借吾秃笔，以先生文章字句为珠玑，串在一起，以期对各位在学的同门有所助益，也以此表达我对恩师的敬重。

最早认识先生是在1988年。当时有幸参加西安电子科技大学工会组织的赵堡太极拳培训班，第一次看到先生精彩的推手表演，让我大开眼界，被其神奇与精妙所折服。1991年我即拜先生为师，系统学习赵堡太极拳。先生常说："太极是万物之源，是一切事物发展变化的基本模式。太极拳以'太极'立名，是古人用拳来彰显其'道法自然'的立意，并藉此启发后学'以拳入道'。"跟随先生学习一段时间后，我即默许心愿，一生追随，跟着先生练习太极拳，并把太极拳传授给更多的人，让更多的人身体健康，人生幸福。

先生自幼开始习拳，后来进入部队，依然练功不辍。直到1985年拜武当赵堡太极拳一代名师刘瑞先生为师后，开始渐悟拳道中枢，至今已有30余年。先生几乎将自己的毕生精力都花在了太极拳的研究与传承上，传授入室弟子近两百人，海内外学生上万人。经过多年的练习、研究与实战检验，先生的太极拳武功精纯，对拳架、推手与散手的理解深入透彻，形成了一以贯之的太极拳理论。先生推出如此巨著，既是对太极拳道训练体系的尝试性构建，也是对传统太极拳功理功法的珍贵补充，不仅对太极拳乃至传统武术的发展具有重要意义，也是广大太极拳与传统武术习练者的福音。

先生一生酷爱武术，除了几乎从不间断的每天数小时的实践性训练以外，还非常注重理论方面的研究与突破。为了从理论上弄明白太极拳相关问题，每每练拳之余，即到书店趸摸与太极拳相关的好书籍，现家中藏书上万册，因他博览群书，经过多年的理论与实践，先生认为太极拳拳学一道，贵在自然。自然不在强弱，而在变化无方，神妙莫测。对于太极拳道来说，阴阳变化是其世界观，道法自然是其方法论，《黄帝内经》是其健身养生的指导原则，《孙子兵法》是其技击的制胜法宝。太极拳修炼的必经之路即为：拳架、推手、散手。练拳架以知己，推手往来以知人，散手技击以实用。先生小时候从摔跤和外家拳入手，青年时才学习太极拳，经过数十年如一日的刻苦训练与努力求索，终至武功大成。回顾先生的习武过程，对我们后学者很有借鉴意义。

先生学太极拳之初，即强调习练太极拳的过程要"求真求实"，最终追求要达到"道法自然"。要以"求真求实"为基础，不能华而不实。不能仅满足于能胜，最后要胜得"自然"且没有条件。作为我们后学者，刚开始学习太极拳，一定要注意多练习拳架，有时间就找老师对拳架进行调整。练熟拳架以后，即要开始学习推手，要理论与实践相结合，绝对不能搞闭门造车或者纯粹臆想那一套。通过两三年的拳架练习，要掌握太极拳道的核心技术中的"一式"和"二圈"。所谓"一式"即金刚式，是太极拳的母拳，拳架、推手和散手均由此式变化而成。所谓"二圈"即分阴，分阳。阴者隐，阳者显。隐者身法走平圆，显者四肢划立圈。立圈分两个圈，即为内圈（或称里圈）和外圈。通过长时间练习，就可以将整个75式套路简化为"金刚式""划圈走圆"的繁衍变化。这一过程中的重点在实践性训练，即练拳和推手。两者的训练目标都是要达到着熟。练拳的着熟即做对、做顺每个动作，推手的着熟即能熟练应用每个动作。在学习过程中，一定要既"谦虚"又有"主见"，既"听老师的话"，又"忠于自己的身体感觉"。先生当年带艺投师，有很好的武术功底。在跟随刘瑞先生学习的过程中，刘瑞先生每推手必让先生做陪练，先生因此有更多的机会来体验太极拳的每个动作。在得到刘瑞先生"高探马"的真传后，触类旁通，对赵堡太极拳75式的每一个动作的练法与应用有了深入理解。在这段时间，先生醉心武功，找所有能接触到的知名武师或太极拳名家去体验功夫，无论路有多远，人家理或不理。先生学拳已经进入痴迷状态，还曾经在梦中梦见赵堡太极拳一代宗师郑悟清先生为其纠正金刚式。为了突破当时太极拳功夫仅止于"推手"的困境，先生继续"求真求实"，在传统摔跤、功力门武术、兵器等多种武术的基础上，还深入研究过西洋拳击、形意拳和大成拳，拜访过王选杰老师，并得到指点。通过多年的练习与研究，先生逐渐形成了自己对太极拳的完整且独特的认识。先生总结说，太极拳与其他拳术最大的不同在"听劲"，练习太极拳要学到"人不知我，我独知人"才算高手，才能在任何时候都没有条件地"道法自然"。

当年先生已从部队转业到西北电讯工程学院（现西安电子科技大学）工作，一边自己研习太极拳，一边开始了太极拳的推广与教学工作。他以继承和发扬太极拳为己任，每每以身作则，循循善诱，诲人不倦。到了20世纪90年代后期，先生的太极拳功夫已经炉火纯青。他开始花很多时间对传统太极拳的拳理与功法进行总结，并根据自己的练功体会和教学实践对传统三合一赵堡太极拳拳架中的不足之处进行了改进。先生认为，通过拳架和推手的训练，能够达到"着熟"境界。着熟之后，则需要更加努力，以期达到"懂劲"与"神明"。这是后练其拳者必须掌握太极拳道核心技术中的"三水""四心""五气"。所谓"三水"，即练功盘架要似行云流水，身形松软柔弱无骨，拳无定式变化无方。所谓"四心"，即在练拳时要做到无心无相，唯道是心。无心无相是修炼太极拳道的最高境界。所谓"五气"，即具中和之气，在拳道中称为内劲。太极拳道的内劲叫"黏糊劲"，是郑悟清先生所传。内劲是活劲，随身体外形变化而贯穿其中。"打拳不能清汤寡水，要提着线，要黏黏糊糊，要有黏糊劲"。通过多年的大运动量练习，先生发现传统赵堡太极拳套路会造成"腰"和"膝"的损伤。为了使太极拳拳架不伤关节，他根据自己的理论与实践经验，毅然对传统赵堡太极拳拳架进行了调整。虽然引起不小争议，但先生坚持认为拳架动作必须首先符合人体生理结构，其次要符合防守与进攻同时兼顾且便利的法则。调整后的拳架不仅行拳顺畅自然，而且划圈转圆连绵不断，不但符合张三丰祖师在《太极拳论》中说的"长拳者，如长江大海滔滔不绝也"的比喻，更深合老子的"以柔弱胜刚强，道法自然"的根本思想。至此先生的拳艺已臻化境。

从2000年以后，先生对自己的太极拳道思想进行了系统的总结。先生认为：黏糊劲由缠劲和粲劲和合而成。行拳时，肢体划圈上行为缠，下行为粲。缠要合，粲要开。一开一合，一呼一吸。一圈之内阴阳互根，缠粲合一。黏糊劲内涵太极八法五步，外演易象道法变化。太极拳道的行拳特色是以"变化"二字为理论根据的，即围绕一个"变"字，达到一个"化"字。行拳过程中要做到六点，即立身中正、划圈走圆、柔如流水、拳无定式、动中求合、分清虚实。经先生调整后的太极拳，拳理与功法更加符合老子和张三丰等历代祖师的思想。为了能恢复太极拳的本来面目，先生将调整后的太极拳命名为张三丰祖师所起的"太极拳道"，不仅期望学者不再有门户之见，而且希望将太极拳的拳理作为一个"框"，装下天下所有武林各门派的优秀技法。作为武术的一个分支，太极拳道不是身体强弱的比较，而是一种智慧高低差异的比较。它的训练内容是：划圈走圆，柔如流水，脊椎如蠹，虚实分清，动中和合，拳无定式。其核心技术的升华是通过"一式、二圈、三水、四心、五气"来完成的。太极拳道的理念及科学的训练方法可以使演练者达到"以弱胜强"的状态，获得克敌制胜的结果。

这一时期，先生先后出版了《太极拳道》《太极拳道诠真》《通脊功》和太极拳道系列教学光盘等系列著作。在这些著作中，先生对太极拳道的功理功法进行了系统性论述，特别是首次提出了太极拳道的训练标准，即"三层九级制"，并从拳架、推手与散手角度对三个层次九个级别要达到的目标进行了详细描述，让练习者从此有路可走，有标准可检验，为太极拳的传承与推广作出了重要贡献。

然而，当前太极拳依然普遍存在习练者众、有所得者少，有大成就者更是凤毛麟角，传统武术流于舞蹈式表演的尴尬局面。究其原因，主要是太极拳难练。传统太极拳典籍仅是历代祖师对所达境界的描述，缺少训练体系和训练方法。这是因为传统武术在冷兵器时代具有很大的杀伤力，其训练体系在当时属于机密，只有师父对徒弟口耳相授，秘不外传。目前国内外出版的太极拳书籍中，以实战思想和意识进行推手训练的并不多见。现代推手比赛把"打、踢、摔、拿"四大技法全部摒弃排除在外，只剩下"推""拉"，表现出来就是"顶牛"。如果太极推手要作为一种竞技武术项目存在，就必须同时容纳武术的四大技法，可以让练习任何门派武术的人参与比赛，且最终达到不分级别（体重、年龄、性别）的模拟实战比赛。

为了弥补这一重要缺失，先生基于多年研究，紧抓太极拳训练中的从"拳架"到"散手"的过渡环节"推手"，写出了这本太极拳道训练宝典，即《太极拳道：实战模拟推手》。这本新作是对"三层九级制"的进一步细化和具体化。其中，先生强调太极拳道的推手必须简单实用。金刚式是其基本姿势，与拳架吻合。双方一搭手，上是太极图，下是阴阳步；手运八法，缠绕太极；脚踩五行，生克乘侮；粘黏连随，划圈走圆；虚实转换，阴阳互变；弱要胜强，以柔克刚；不丢不顶，缓急相应；刚来柔化，柔去刚发；逢实便绕，遇虚即进。

本书的重点是太极拳道意识能力和形体能力的修炼。推手的能力是在拳架和推手的过程中练习出来的，需要从有形练到无形，通过模拟实战训练，回归防身自卫的根本面目。在推手中，"打、踢、摔、拿"四大技法要贯穿始终。作为基本格斗姿势的金刚式既有防守，又有进攻。防守中有进攻，进攻中有防守，攻防兼备。模拟实战格斗的推手在训练中既可以练出格斗能力，又不会伤人致残，同时还可以和养生健身、搏击格斗、全民健身以及其他运动结合起来，促进太极拳道的长远繁荣与发展。在本书中，除了细化训练方法以外，还根据国家提倡的段位制要求，详细制订并规范了太极拳道的标志、服装、等级标准和考评方法。同时根据训练的需要，对传统太极拳的经典理论作了总结，作为训练的指导。例如其中对杜元化的《太极正宗》进行了十三字的精髓描述，包括圆（打基础）、上下（求贯穿）、进退（练步法）、开合（练身法）、迎抵（练黏随）、出入（练渗透）、领落（练呼吸）等，让学者从繁琐中解放出来，觉得更加明确和简洁。

当前正值中华文明复兴之时，具有鲜明中华文化特色的太极拳已经传遍全球。这本《太极拳道：实战模拟推手》既是先生数十年倾心中华武学研究与传承的一个成果，也是为了提升中国传统武术格斗水平的一个尝试，该书的出版对太极拳具有重要和深远的意义。

　　恩师此大作，字字留心，句句有情，篇篇精髓，可谓读者得益，习者得道，皆能大用！这便是该书的大意义！

西安市太极拳道协会会长　山新楼
2016年10月5日

前 言

2000年1月，陕西科技出版社出版了我的第一本书《太极拳道》；2003年2月，人民体育出版社又出版了《太极拳道诠真》；2004年11月，台湾大展出版社又用中文繁体字再次出版了《太极拳道诠真》。这两本书发行之后，反响较大，来电来函咨询的读者很多，方家、同道、朋友们给了我很高的评价。这是对我的鞭策与鼓励，也是对我书中研究成果的充分肯定。读者的认可，就是动力，激励着我继续持续不懈地去努力、去练功、去体悟、去探讨、去研究、去创新，去实现太极拳道更高境界的梦想。

记得在出版《太极拳道诠真》的前夕，人民体育出版社张建林编辑曾来电话，建议我在书中再增加一些兵器的演练和论述的内容。我当时正在工作岗位上，工作性质决定了我没有更多空余时间再动笔增加新的内容，但是他的好意我都记住了，一是尽量满足读者的咨询要求，二是逐渐完成增加兵器的内容。其实我心中已有一套写作计划。这本书《太极拳道：实战模拟推手》已经完成，即将与大家见面，以后还想写《太极拳道：实用防身自卫术》《太极拳道：长短兵器修炼》《太极拳道：内功与养生》。一些同道、拳友、学生、弟子还建议我对前辈先贤的古典拳论用自己的练功体悟，并用现代人们容易理解的、理论联系实际的、科学化的言语进行阐释。这个任务很重，我得需要时间一步一步去做。

自2000年后，我对《太极拳道》《太极拳道诠真》书中总结的一些理论，通过再体悟、再实践、再总结，又有了新的认识和思考。到2003年的时候思想又产生了新的飞跃，对太极拳道的理解更加深刻、更加清晰、研究的方向更加明确。在这期间，我随时将头脑中产生的灵感顺手就记下来。由于《太极拳道》《太极拳道诠真》的广泛传播，找我切磋交流、探讨理论、实际演练、具体操作的人越来越多，其中不乏真才实学、广有智慧、志存高远之士，和他们切磋、交流、研究、探讨，也使我从中获益匪浅。这些人中，后来有的成了忘年交、有的成了知心挚友、有的成了学生弟子。

体悟产生灵感，灵感上升为理论，理论在实践中检验，检验过的理论又去指导新的实践。在这期间，除了记笔记外，我也写了一些文章歌诀。2010年9月，在陕西省武术管理中心、省武术协会举办的"陕西省太极拳论文报告会"上,我的《太极拳道的以弱胜强之理据》荣获一等奖。我用毛笔书写的《太极道诀》也在弟子和道友间流传。2011年7月、2016年7月,在西安电子科技大学举办的太极拳道第一届、第二届功理功法研讨会上,都有我的论文演讲。平时在西安太极拳道各个传授点,我也经常被弟子们请去进行一些即席演讲。在山西稷山成立"山右太极拳道春宝武馆"、湖北孝感成立"太极拳道研修会"、上海成立"华为太极拳道协会",江苏无锡举办"太极拳道联谊活动"、陕西太极城旬阳县"太极拳道联谊会",西安高新区"明性书院"等有关活动中,以及在参加陕西省武术管理中心、陕西省和西安市武术协会举办的各种活动中,在不同的地点、不同的场合、不同的时间,我也多次进行过即席演讲。这些演讲,被一些有心的弟子如山新楼、王伟锋、栾军等,用视频、录音的方式记录下来,并将这些演讲的大部分内容整理成文,分别收录到太极拳道第一届、第二届功理功法研讨会的文集之中了。2015年1月,在弟子山新楼等人的努力和实际操作下,以我和他的名义又在陕西文化音像出版社出版了《太极拳道·音像》六盘装光碟。以上这些文章、演讲、视频,反映了我近些年来的思想脉络,以及打拳练功的状态,并在有意无意之间已经回答了一些朋友提出来的习练太极拳道中遇到的问题。这部以《太极拳道：实战模拟推手》命名的书稿，其中有一部分就选自以上文章、演讲、视频中。

我始终是以实战的眼光来审视太极拳的拳架和推手的。武术的最基本内涵，就是"格斗、搏斗、技击"。太极拳作为武术的一种，首先应该而且必须是讲技击的。在我看来，不能达到技击实战目的的太极推手，既没有什么太大的意义，更不具备搬到赛场上去进行比赛的价值。推手是修炼太极拳者获得实战技击功夫的途径和方法，其根本目的是为了锻炼实战中所需要的意识和技能，通过推手训练，使习练者达到"人不知我、我独知人"的状态，达到"发人无形，沾衣即跌，神乎其神，神而明之"之境界，而绝不是摆摆架式、做做样子，搞成"双人套路"。从实际情况看，人民大众对现代太极推手比赛诟病不断，批评现代推手运动只会"顶牛"，还不如中国式摔跤和中国式散手比赛。这也难怪，因为现代推手比赛限制较多。中国武术通常认为有四大技法："打、踢、摔、拿"，而现代推手比赛却把这四大技法全部摒弃排除在外，只剩下"推、拉"，其结果就只能表现为一个字——"杠"。两力相反谓之"顶"，杠就是"顶牛"，不管上、下、前、后、左、右，推是顶、拉是顶，一顶就杠，一杠就顶。现代推手运动之所以会走到现在这样的地步，原因很多。首先，如果我们要界定武术的表现形式，无非三种：一是生死搏斗，二是竞技武术，三是套路表演。其他的形式，比如养生健身、艺术活动、规模表演等，应不在其列。在三种武术表现形式中，"生死搏斗"是武术最高的表现形式，只有军、警部队在保家卫国的战斗中，普通公民在遇到歹徒危及自己和他人生命，国家、人民、公众集体利益正在受到严重损害的特殊情况下，才能在法律允许的、正当防卫范围内，采取这种置生死于度外的特殊的武术表现形式；"竞技武术"是在竞技体育项目中，分年龄、分体重、分级别、分性别，按照既定的规则进行比赛计点得分认定输赢胜负的一种武术表现形式，中国式摔跤、中国式散打，就是竞技武术很好的表现形式；"套路表演"是一种没有对抗，不分级别、不分体重，只分性别、分年龄的一种武术艺术化的表现形式。现代推手比赛，其技能不在武术四大技能"打、踢、摔、拿"之列，既不是"生死搏斗"，又不能像"竞技武术"那样按点计分，也没有固定套路可以像"套路表演"那样相互比较动作是否到位、姿态是否优美，实在是无法归类。所以在我看来，推手比赛项目就应该取消。如果非要把它作为一种比赛项目，可以放在举重、推汽车、比赛搬重物、进行掰手、各种较力的项目中比较合适。如果坚持要把太极推手作为一种竞技武术项目存在，那就必须取消对武术四大技法运用的限制，允许推手双方以实战的状态运用各种技法。这样一来，太极拳不但能参加中国式摔跤、中国式散打比赛，而且可以参加无限制格斗比赛。

因此，我认为，太极拳推手运动，要么从此退出武术比赛，要么彻底解开禁忌、走向实战，二者必取其一，否则很难生存。这个结，非要修炼太极拳的同道来解不可。拙著《太极拳道：实战模拟推手》，就是想解开这个结的。在我所知道的太极拳书籍中，以实战思想和意识写推手的不多，赵堡拳系列推手中的专著则更少。拙著能不能把这个结解开，解得好不好，仁者见仁，智者见智。但我的初心是好的，就是想为太极拳道同道、师友们抛砖引玉。

以上就作为本书的开场白吧。不当之处，在所难免，还请行家里手、各位前辈老师及朋友们不吝赐教斧正。

郑　琛

2016年9月20日

目 录

第一章 太极拳道三层九级制标准与训练法、三阶九段位并轨及互通运用 ……… （1）

第一节 并轨简述 ………………………… （2）
　　一、认知 ………………………………… （2）
　　二、标志 ………………………………… （4）
　　三、服装 ………………………………… （5）
　　四、礼仪 ………………………………… （10）

第二节 初级阶段（着熟） ………………… （16）
　　一、一段位——原始推手（一级） ……… （16）
　　二、二段位——掌握用着（二级） ……… （23）
　　三、三段位——着法纯熟（三级） ……… （29）

第三节 中级阶段（懂劲） ………………… （34）
　　四、四段位——重黏缠人（四级） ……… （34）
　　五、五段位——轻黏从（随）人（五级） … （37）
　　六、六段位——空黏由己（六级） ……… （40）

第四节　高级阶段（神明） ………………………（43）

　　七、七段位——发劲圆整（七级）………………（43）
　　八、八段位——泄劲发放（八级）………………（48）
　　九、九段位——沾衣即跌（九级）………………（50）

第五节　体悟心得 …………………………………（54）

　　一、接手 ……………………………………………（54）
　　二、进身 ……………………………………………（57）
　　三、控制 ……………………………………………（59）
　　四、反控制 …………………………………………（60）
　　五、倒手 ……………………………………………（60）
　　六、重心 ……………………………………………（61）

第六节　段位升级考评规则 ………………………（64）

　　一、考评办法 ………………………………………（64）
　　二、考评场地 ………………………………………（64）
　　三、评分设想 ………………………………………（65）
　　四、不分级别 ………………………………………（65）
　　五、安全措施 ………………………………………（65）
　　六、制定修改 ………………………………………（66）

第二章　太极拳道拳架着法在推手中的运用

………………………………………………………（67）

　　第一个架式　金刚式 ………………………………（70）
　　第二个架式　懒插衣 ………………………………（74）

第三个架式　白鹤亮翅 …………………………（ 76 ）

第四个架式　单鞭 ………………………………（ 78 ）

第五个架式　斜行 ………………………………（ 80 ）

第六个架式　手挥琵琶 …………………………（ 81 ）

第七个架式　摇步 ………………………………（ 82 ）

第八个架式　上步金刚 …………………………（ 84 ）

第九个架式　退步伏虎 …………………………（ 85 ）

第十个架式　擒拿、串捶、肘底藏捶 …………（ 86 ）

第十一个架式　倒捲肱 …………………………（ 87 ）

第十二个架式　合手白鹤亮翅 …………………（ 88 ）

第十三个架式　闪通背（海底针）……………（ 89 ）

第十四个架式　云手 ……………………………（ 90 ）

第十五个架式　左右高探马 ……………………（ 91 ）

第十六个架式　左右插足 ………………………（ 93 ）

第十七个架式　回身踹脚蹬跟 …………………（ 94 ）

第十八个架式　掩手捶 …………………………（ 95 ）

第十九个架式　抱头推山 ………………………（ 96 ）

第二十个架式　野马分鬃 ………………………（ 96 ）

第二十一个架式　玉女穿梭 ……………………（ 98 ）

第二十二个架式　童子拜佛 ……………………（ 99 ）

第二十三个架式　左右金鸡独立 ………………（100）

第二十四个架式　左右十字单摆脚 ……………（100）

第二十五个架式　吊打指裆捶 …………………（102）

第二十六个架式　左右砸七星 …………………（102）

3

　　　　第二十七个架式　左右回头看画 …………………（103）

　　　　第二十八个架式　跨虎 ………………………………（104）

　　　　第二十九个架式　左右双摆脚 ………………………（104）

　　　　第三十个架式　弯弓射虎 ……………………………（105）

第三章　太极拳道推手能力的修炼 …………（107）

第一节　意识训练 ………………………………………（108）

　　一、"生死观"的修炼 …………………………………（109）

　　二、"荣辱观"的修炼 …………………………………（110）

　　三、"名利观"的修炼 …………………………………（110）

　　四、"生存观"的修炼 …………………………………（111）

　　五、"意志观"的修炼 …………………………………（112）

　　六、"能力观"的修炼 …………………………………（112）

第二节　形体训练 ………………………………………（113）

　　一、松与紧的训练 ………………………………………（113）

　　二、柔与刚的训练 ………………………………………（115）

　　三、功力的训练 …………………………………………（117）

第三节　再论太极拳道推手意识修炼 …………………（126）

　　一、听劲意识 ……………………………………………（126）

　　二、跟劲意识 ……………………………………………（128）

　　三、让劲意识 ……………………………………………（129）

　　四、逼劲意识 ……………………………………………（129）

　　五、控劲意识 ……………………………………………（130）

六、随劲意识 …………………………………………（131）

　　七、牵劲意识 …………………………………………（131）

　　八、摸劲意识 …………………………………………（132）

　　九、打劲意识 …………………………………………（133）

　　十、发劲意识 …………………………………………（133）

第四章　四大技法是武术技法的共性基础 …（135）

　　第一节　打 ……………………………………………（137）

　　第二节　踢 ……………………………………………（139）

　　第三节　摔（跌）……………………………………（149）

　　第四节　拿 ……………………………………………（144）

　　　　一、反关节 …………………………………………（145）

　　　　二、抓筋脉 …………………………………………（145）

　　　　三、点穴法 …………………………………………（146）

　　第五节　四大技法在实战模拟推手中的综合运用

　　　　………………………………………………………（148）

第五章　太极拳道实战模拟推手十三势技法训练

　　………………………………………………………（151）

　　第一节　掤与捋 ………………………………………（154）

　　　　一、掤 ………………………………………………（154）

　　　　二、捋 ………………………………………………（158）

三、掤捋合一 ……………………………………（160）

第二节　挤与按 ………………………………………（161）
　　一、挤 ……………………………………………（161）
　　二、按 ……………………………………………（163）
　　三、挤按合一 ……………………………………（164）

第三节　採与挒 ………………………………………（165）
　　一、採 ……………………………………………（165）
　　二、挒 ……………………………………………（167）
　　三、採挒合一 ……………………………………（168）

第四节　肘与靠 ………………………………………（169）
　　一、肘 ……………………………………………（169）
　　二、靠 ……………………………………………（170）
　　三、肘靠合一 ……………………………………（171）

第五节　五行步法 ……………………………………（173）
　　一、进退 …………………………………………（175）
　　二、顾盼 …………………………………………（178）
　　三、中定 …………………………………………（182）

第六章　一论太极拳道八法五行十三势技法 …（185）

第一节　十三势技法概述 ……………………………（186）
第二节　八大技法 ……………………………………（186）
　　一、掤法 …………………………………………（186）

二、捋法 …………………………………………（187）

　　三、挤法 …………………………………………（188）

　　四、按法 …………………………………………（188）

　　五、採法 …………………………………………（189）

　　六、挒法 …………………………………………（189）

　　七、肘法 …………………………………………（190）

　　八、靠法 …………………………………………（191）

第三节　五行步法 ………………………………………（191）

　　一、进步 …………………………………………（191）

　　二、退步 …………………………………………（192）

　　三、左顾 …………………………………………（193）

　　四、右盼 …………………………………………（193）

　　五、中定 …………………………………………（194）

第七章　二论太极拳道八法五行十三势技法

………………………………………………………（195）

第一节　八卦八法 ………………………………………（196）

第二节　五行步法 ………………………………………（207）

　　一、我对五行学说的认知 ………………………（207）

　　二、五行步法与五行学说的结合点与共同规则 ……（213）

第三节　从杜元化《太极拳正宗》看赵堡太极拳的十三式

………………………………………………………（225）

第四节　赵堡太极拳精髓十三字要领 …………（228）
　　　　一、圆 ………………………………………（228）
　　　　二、上下 ……………………………………（228）
　　　　三、进退 ……………………………………（229）
　　　　四、开合 ……………………………………（229）
　　　　五、迎抵 ……………………………………（230）
　　　　六、出入 ……………………………………（231）
　　　　七、领落 ……………………………………（231）

第八章　杂　论 ………………………………（233）

　　第一节　太极拳道之实战模拟推手 ……………（234）
　　第二节　推手是太极拳道实战模拟训练的途径 …（236）
　　第三节　实战模拟推手接手占位与金刚式的心法
　　　　………………………………………………（240）
　　　　一、再论接手占位 …………………………（240）
　　　　二、再论金刚式 ……………………………（244）

后　语 …………………………………………（251）

第一章

太极拳道三层九级制标准与训练法、三阶九段位并轨及互通运用

第一节　并轨简述

随着改革开放的不断深入，我国国力也在不断提升，在国际社会声望益隆，随之老百姓生活水平大大提高，进而追求身体健康，渴望更高的生存质量。同时，国家一再提倡"全民健身运动"，使我国民身体素质有了明显的提高。武术运动在我国有着广泛的群众基础，尤其太极拳更是深入人心。为了使太极拳道这一优秀的拳种焕发出灿烂光辉，作出其应有的贡献，更好地为人民服务，现将太极拳道原来的"三层九级制"改为"三阶九段制"，以便和国家提倡的段位制并轨。具体论述将递次展开，以便对照。

一、认知

老子讲："道生一，一生二，二生三，三生万物。"在这里，老子讲了两个问题，一是说万物的本源，也就是说根在哪儿？二是说它是怎样繁衍发展的。第一个问题是"道",第二个问题是"三"。道是根,三是阴、中、阳。这就是自有人类以来的永远的话题,这就是哲学。各大宗教门派对世界、对宇宙的观察探讨研究产生了各自的看法,上升到理性的认识,这些理性认识成为各自门派的一贯思想,也就形成了本派的哲学。这就是世界观、宇宙观,由此产生的代表各种门派的认识,就叫这个门派的"认识论"。由这种认识论的思想创造一贯的方法,去解决该宗派一切事物的问题的"一贯方法",就是该宗派的"方法论"。不管哪一个门派的世界观、宇宙观及认识论、方法论,在探讨世界、探讨宇宙过程中,更符合世界本来面目,更符合宇宙本来面目,就是科学的。科学就是道,道就是科学。道就是世界的本来面目,道就是宇宙的本来面目。科学就是探讨道的学问。所以太极拳道就是用科学的哲学,指导我们的思想,去认识太极拳,用科学的方法去寻找太极拳的训练方法,把太极拳道的认知水平提高到科学上来。然后,我们再用这种思想提高做人的道德水准,做一个有道德的人,一个高尚的人。人做好了,再用这种思想、认识和方法去启迪更多的人,为我们中华民族增添光彩。故而要在各自的工作岗位上努力工作,不要枉费了我们这一生。这是人生的意义所在,努力吧,我的同道们!

二、标志

　　五颜六色、七彩缤纷的有色世界，用现在的科学认知，是由红黄蓝三种基色组成的，这刚好对应了老子"三生万物"的道理。红是热，黄是中，蓝是冷，刚好是"阳中阴"，和老子的三——"阴中阳"相对应。既然这样，我们就用这个"三原色"来画一个太极图，给我们太极拳道作为一个标志，用它来吸收世间的所有正能量，为我们助力，并永无止境地学习一切事物之优点长处，不断提高我们的能力。艺无止境，学无止境，修炼无止境。如图1-1所示。

道法自然

太極拳道

生於斯滅於斯變化於斯

大無外小無內萬物一體

無境派

图1-1　三原色太极图

三、服装

服装很重要，是人的仪表，以反映一个人的内在素养，表达一个人的心灵世界，体现一个人的体格健康，连一个人的性格走向都会表露无遗。它是一个人的综合素质，一个人的学识气质的外在形象。由于服装的重要性，自古以来就引起了各行业的重视，也带来了服装业的兴隆。农工仕兵商，农衣、工服、官纱、军装、商褂，各种职业都有他们的行业制服，来标示各行业之专长。尤其是军队服装，代表了一个国家的象征。你看，我国的三军仪仗队，是世界上最好的仪仗队，真是雄壮之师，威武之师，虎狼之师！它代表着国家的尊严，代表着国家的主权，代表着中华民族巍然屹立在世界的东方。它是一座牢不可破的、永远不能逾越的钢铁长城，保卫着伟大祖国的陆海空疆域，呵护着伟大的中华民族繁荣富强！

太极拳道的服装有三种类型，一种是常服，一种是表演服，一种是推手服。

1. 常服。就是普通的中式武术服，为平时锻炼着装。颜色不限，质地不限，领、袖高低长短随意方便，只需在胸前佩戴太极拳道的"三原色太极图"标志即可。必要时，可在左臂加配或单独佩戴"三原色太极图"臂徽。如为斜襟道袍服装，要扎腰带，方便为宜。（图1-2、图1-3）

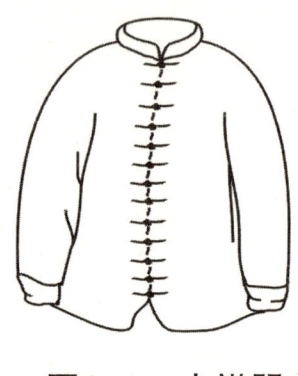

图1-2 中襟服 　　　　　　图1-3 斜襟服

2. 表演服。按规则办，通常是中式武术服。要统一着装，统一服色，统一款式，统一质地。必须在左胸前佩戴"三原色太极图"标志，必要时，可在左臂加配或单独佩戴"三原色太极图"臂徽；如为斜襟道袍服装时，要扎好腰带。总之，服从命令听指挥，团结一致打胜仗，加强组织纪律性，增强时间观念，统一行动，步调一致。（图1-4—图1-7）

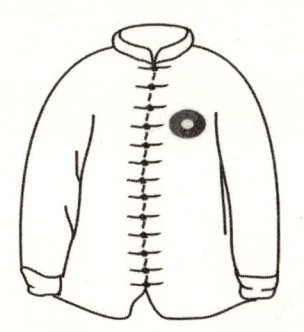

图1-4 中襟服
左胸前三原色太极图

图1-5 斜襟服
左胸前三原色太极图

图1-6 中襟服
加臂徽三原色太极图

图1-7 斜襟服
加臂徽三原色太极图

3. 推手服。是太极拳道练习和实战模拟推手比赛的专用服装。

（1）颜色。分为黑、白、蓝、红、黄五色，即阴、阳、阴、阳、中。黑、白色为训练服；蓝、红色为比赛服；黄色为裁判服。

（2）款式。外套：无领，斜襟，短袖，腰带。质地为棉布。夏单衣，冬夹衣。内衣：汗衫，圆领，短袖。质地为棉布。（图1-8、图1-9）

（3）臂徽。臂徽和胸徽都是三原色太极图，是太极拳道的标志。臂徽的图案除了三原色太极图外，还有三阶（三层）九段位（九级别）识别。蓝为初阶（着熟层）：蓝三杠为三段（三级），蓝二杠为二段（二级），蓝一杠为一段（一级）。红为中阶（懂劲层）：红三杠为六段（六级），红二杠为五段（五级），红一杠为四段（四级）。黄为高阶（神明层）：黄三杠为九段（九级），黄二杠为八段（八级），黄一杠为七段（七级）。（图1-10—图1-12）

图1-8　推手外套

图1-9　推手内衣

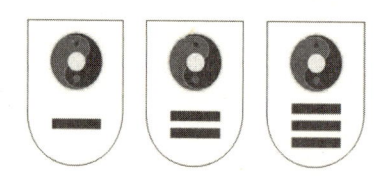

图1-10　初段

图1-11　中段

图1-12　高段

4. 裤。两种：长和短。长裤为灯笼裤，可与常服、表演服、推手服配穿；短裤为推手服专配。臀部左右两侧各有一个三原色太极图标志。颜色与上衣配套。（图1-13、图1-14）

图1-13　灯笼裤（前）　　　图1-14　灯笼裤（后）加三原色太极图

5. 鞋。与常服配套的可随意选择；与表演服配套的按规则或要求办；与推手服配套的为布制高筒软靴，上部可系鞋带或松紧带，靴底为软底，一般为黑、白两色。靴帮外侧上部有三原色太极图。（图1-15）

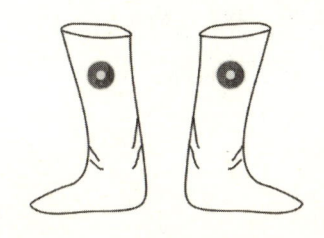

图1-15　三原色太极图软靴

四、礼仪

中国是文明古国，礼仪之邦。在世界民族之林，唯中国具有五千年连绵不断的文明史。中华民族是勤劳勇敢的民族，是广有智慧、最富有创造力的民族，中华民族为世界的文明建设作出了巨大的贡献。虽然在近百十年间落后了，但我们有幸在中国共产党的领导下，推翻了旧社会建立了新中国，短短几十年间，中华民族创造了一个又一个的人间奇迹。尤其改革开放以来更是硕果累累，人民生活水平得到了极大的提高。全国人民在中国共产党的领导下，高举中国特色社会主义的伟大旗帜，为实现中华民族伟大复兴的中国梦而努力奋斗。以习近平同志为核心的党中央提出"五大建设"：经济建设，政治建设，社会建设，文化建设，生态建设。全民健身运动就是文化建设之一，武术文化、太极文化、礼仪文化，都是文化建设的具体体现。一句话，文化建设涵盖面很大。武术注重武功、武艺的修炼，更注重武德的修为。武德低下，修为不到位，武功和武艺不可能达到至高境地。太极拳道除了太极功夫的修炼外，同样非常重视武德的修为，自古就有"十不传五传"之训诫，20世纪90年代和21世纪初，笔者又分别制定了"门规十条"和

"新门规四条"来约束和规范同道的行为举止。武德教育是武术文化、太极文化至关重要的一部分，更是礼仪文化的一部分。礼仪文化大到国之根本《宪法》及一系列的法律法规条律条例，小到乡规民约约定俗成，再到家法家规礼节礼貌行为举止，规范了人民大众的道德水准，五千年来形成了凝聚中华民族精神的礼仪文化。这是中国传统文化的核心，中国传统文化的根，中华民族的魂，中华民族的精神，就是中华民族的血脉传递。这个血脉传递坚如磐石，使中华民族傲然屹立在世界的东方！礼仪文化造就礼仪之邦，中国就是伟大的礼仪之邦！

太极拳道要继承中国的礼仪文化，加强武德教育，提高道德水准。同道、同门、师徒、师兄弟之间，要有一定的礼仪规范。注重礼节礼貌，约束行为举止。

（一）《十不传五传》

"一不传不忠不孝之人；二不传根底不好之人；三不传心术不正之人；四不传鲁莽灭裂之人；五不传目中无人之人；六不传无礼寡恩之人；七不传反复无常之人；八不传得易失易之人；九不传好事好狠斗勇之人；十不传歹人。如其可以传，再口授之秘诀。传忠孝知恩者、心平气和者、守道不失者、真以为师者、始终如一者。此五者果真有始有终不变如一，方可将全体大用之功授之于徒也明矣。于前于后代代相继皆如是之所传也。意抑亦知武事中乌有匪人哉。"（摘自刘会峙先生著《武当赵堡传统三合一太极拳》116页"三、师传《穴之存亡论》"）。

（二）《太极拳道之门规》

"规矩者方圆也。武学之道，当应立法以示来人。今特立门规十条，凡吾门弟子，不得有违，违者，轻必责，重逐门。

1. 尚武精神，民族之魂。昌我武道，吾辈重任。承继传统，发扬光大。

2. 忠义为本，慈悲为怀。身心合修，形意并练。浑圆一气，武道之宗。

3. 真打实作，武技真谛。朝夕盘打，运化一气。道法自然，存乎其神。

4. 师引门路，弟子修行。青出于蓝，浪高一浪。百尺竿头，后来居上。

5. 艺海无涯，勤奋为径。千里之行，始于足下。满则招损，谦必受益。

6. 团结武林，尊重各界。取人之长，补己之短。广博学识，为我所用。

7. 尊师如父，爱徒如子。同门兄弟，艺高情深。友爱团结，甘难与共。

8. 孝敬父母，人之常理。兄弟姐妹，情同手足。和睦相处，互爱有加。

9. 习武之人，身躯如金。不溺酒色，不沾嫖赌。不染吸毒，禁戒恶习。

10. 武德爱国，遵纪守法。路遇不平，见义勇为。不欺孺叟，帮老携幼。1990年5月20日立"（摘自郑琛、山新楼著《太极拳道》21—22页）。

（三）《太极拳道新门规》

"太极拳道新理念逐渐被世人所认识。学习者与日俱增，为规范学者行为，重新订立新的门规，请各位弟子遵守。

1. 热爱祖国，拥护中国共产党，遵纪守法，做一个好公民，在各自的工作岗位上努力工作，应成为各行业的出色人才，效力于社会，服务于社会。

2. 尊重各界，尊重武林各门派，团结同道，谦恭处人，说话办事不得伤害他人，尤其在宣传太极拳道的新理念时，更应该注意吸收各门派的特点长处，不得妄论其非。

3. 本门同道，如同兄弟，应互相尊重，互相关心，互相帮助，坦诚相见，信义待人。在家孝敬父母，夫妇和睦，在外扶老携幼，见义勇为。

4.遵循太极拳道修炼的基本原则（即养生的原则、技击的原则）。性命双修，身心合练，努力提高健康水平和技击能力，使太极拳道的理论与实践不断发展完善，为人类的健康事业，为传统文化太极拳道的承传和发扬光大，同心同德努力奋斗。2006年8月12日"（摘自2011年7月西安市太极拳道协会召开的"首届太极拳道功理功法研讨会"上，由山新楼和马中发主编的《太极拳道——功理功法文集》第36—37页）。

（四）礼节

1.作揖。中国先秦古有之礼。常人见面之礼。如同今人见面之握手礼，普通寻常。有双手合掌、单手立掌和抱拳礼。我们现按武术比赛通用抱拳礼，左手掌在外，右手拳在内，左手拇指扣在右拳眼和右拇指相交，象征太极图。其余四指并拢伸展和右拳拳面相合，象征中国国旗五星拱卫。右拳紧贴左手心，象征伟大的祖国永远在我心中！

2.鞠躬。先秦已有之古礼。常人见面礼，尤其在民国后孙中山先生取消了跪拜礼后，鞠躬礼通行，常人见面即行鞠躬礼，一直延伸至今，已成为通常礼节。鞠躬时，立正站立，两手伸展，中指贴于裤缝，弯腰头向下施礼，低头弯腰程度越低，表示内心越诚恳。

3. 跪拜。使用最长久之古礼。来源于人类祖先之进化，也是古代使用的最基本之礼节。虽然被辛亥革命的领导者孙中山先生所废除，但用现代的眼光看，跪拜之礼，仍不失其作为中国传统文化、礼仪文化的一部分。因为中国的老百姓心里有它，丢不下它。逢年过节、婚丧嫁娶、红白喜事、寿诞盛宴，儿女见父母，徒弟见师长，晚辈见长辈，都继续使用这种跪拜之礼，以示庄重。我以为这本身就是一种道德教育，师道尊严，尊师重道，爱徒如子，心心相印，各守其位。它本身就是倡导"忠文化、孝文化、节文化、义文化"，忠于国家，忠于党，忠于人民，是大忠；孝敬父母，尊老爱幼，助人为乐，是大孝；为官一任，一心为民，廉洁奉公，造福一方，是大节；坦诚守信，与人为善，见义勇为，是大义。这就是修炼、修行、修天下之大道。

中国的传统礼节非常之多，在这里只选用以上三种礼节，太极拳道之同道、同门、师徒、师兄弟之间，应以礼相见，以体现太极拳道同仁的集体之素养，整体之素质。

第二节　初级阶段（着熟）

一、一段位——原始推手（一级）

1. 金刚式转圈

推手前先向裁判席敬礼，再双方互敬礼。见图1-16行抱拳礼；图1-17金刚式正面；图1-18金刚式侧面；图1-19左金刚搭手，甲乙左脚在前，右手背相接，左手按对方肘；图1-20甲上右脚退左脚，变右金刚搭手，左手背相接，右手按对方肘；图1-21甲左手接乙左手，甲右手接乙左肘，乙右手接甲左肘，乙左手接甲左手；图1-22 甲退右脚上左脚，乙退左脚上右脚，乙左手逼甲左手，乙右手逼甲左肘。（注：左为甲，右为乙）。

图1-16①　抱拳礼正面　　　图1-16②　抱拳礼侧面

图1-17　金刚式正面

图1-18　金刚式侧面

图1-19　左金刚搭手

图1-20　甲退左脚上右脚

图1-21

图1-22

太极拳道实战模拟推手，一搭手甲乙双方都是一个金刚式。甲乙双方依照金刚式的基本姿势，互相缠绕变化。上肢是接手摸肘，形成太极图，下肢是上步下步，甲乙双方轮番转换虚实，所以也称"上下步推手"。双方在左右金刚式推手中，互相粘黏连随，不丢不顶。互相接触中，虚实变化，阴阳转换。在划圈走圆中，感知对方劲的来龙去脉，寻求对方重心的变化，控制对方重心，而我的重心不被对方所控制。双方互相在控制与反控制中，感知双方重心的虚实变化。太极拳道的推手就在这样一上一下、一左一右，上有太极图，下有上下步的双人推手中，模拟训练攻防兼备、攻防合一的基本的格斗状态。所谓攻防兼备、攻防合一，就是将中国传统文化的"天人合一"的思想理念，凸显在太极拳道的实战模拟推手中，在进攻中具备了防守，在防守中又具备了进攻，把进攻和防守合为一体，体现太极拳八法五行十三势的技能。在金刚式的一个基本格斗姿势中，双方利用划圈走圆的基本方式，把传统的八法五行十三势太极拳从复杂中解放出来，化为极简单的划圈走圆，以期提高学习者的兴趣及训练效率。

2. 一手管两手

图1-23为甲左手管乙两手，右手腾出，可以攻击

对方。图1-24为甲右手管乙两手，左手可以腾出，攻击对方。

图1-23 　　　　　　　　图1-24

一手管两手，是指以我一只手臂封住对手两只手臂，使其不敢离开我之手臂，反被我封闭到偏门，使其出手别扭，不得劲，对我而言则起到了防守的作用，同时，我的另一只手臂腾出来，进入到攻击状态，这就是金刚式的攻防合一、攻防兼备、攻中有防、防中有攻的意思。甲乙可以互相掉换位置，在划圈走圆中，体验这种一手管两手的感觉。通过反复练习，达到一出手就自然而然地进入到这种一手管两手的防守状态中，随时可以进攻，不需再考虑防守。

3. 一脚管两脚

图1-25为甲左脚管乙右脚，甲右手向左拍乙左

肘，使其重心偏其右脚。图1-26为甲右脚管乙左脚，右臂和左臂同时向乙之右方拍击，或逼迫乙重心向其左侧倾斜。

图1-25 　　　　　　　　图1-26

这种方式会使对手站立不稳，而在重心不稳的情况下，就会处处被动，处于背势，我则处处主动，处于顺势。这就是控制和得势，只有控制得势，我才有机会攻击对方。此时，对方为了克服自己的被动状态，就会想办法调整重心。不调整重心，自己站不稳，就无法形成攻势。如果对方始终被我控制了重心，就没有攻击我的机会。上边手被我管住了，下边脚也被我管住了，造成我顺人背之势。我则可以随时进攻对方，想攻则攻，想守则守，守就是攻，攻亦是守矣！

"原始推手"小结：

在这一段位（一级）的金刚式转圈，就是要和我们练习的拳架结合起来。拳架的各个层面，虽然在不同时期的练习侧重点有所不同，但都是围绕"一式金刚"来练习的。金刚式是太极拳道的母拳，它的组合结构用术语来说就是"间架结构"。这个结构，就是格斗的基本姿势，它具备了进攻和防守的基本功能，攻防兼备，攻防合一，即在进攻的同时，也具备了防守的功能；防守的同时，也具备了进攻的功能。在练习过程中，我们要把拳架中"粘黏连随"的感觉，在推手中很好地体验出来。在拳架中的"均匀连续""匀劲"和"黏糊劲"，都是练习"粘黏连随"的能力。金刚式双方练习推手转圈，也叫"推和平圈"，就在这种不紧不慢、平淡无奇中，你来我去，你去我来，一来一往，互相接触，上下相随，进退顾盼，守中用中及控制反控制中，两人形成一个闭合系统，在这个系统中互相感应对方的信息，以期检验你听劲水平的高低，不断调整你听劲的精确性，从而慢慢向懂劲阶段过渡。

次者，一手管两手，控制了对方，具备了防守的同时，又腾出一只手来进行打击训练。这个"打"就是通常说的武术散手中的四个功能"打踢摔拿"综合一体的打。这个打包含了四大技法的打，也包含了所有的攻击手法。一手控制对手两只手，我腾出一只手，可根据具体情况进行黏住打击对方，这就是练"打"必须具备的功能。太极拳道的重要一点就是和对方一接手就要黏住对方，不能使对方腾出手来击打我。当一个人单独练习打拳或空击时，你是没有阻力的，你可以打得很快、很有力度，那是因为没有外来的阻力阻止你，所以你自己空打空练，想怎么打就怎么打，想怎么练就怎么练。但太极拳道的推手是双方的，互相之间都受对方的控制，互相都对对方施加了阻力，黏住了你，你想打么？腾不出手。你不想打么？就得挨打。这是在实践中的体会，不亲临其境，不上场试一试，光凭眼看，想象着可以这样、可以那样等，都是不现实的。

　　再者，一脚管两脚。同样，上有一手控制两手，下有一脚管两脚，对方就会很别扭。一脚管两脚实际上是用脚控制对方下盘，从而控制对方的重心，使对方不能起膝"顶"和脚踢等"踢击"的动作，这就是下盘的防守。在限制对方不能膝顶脚踢的同时，我则可以起腿膝顶脚踢对方。这个"踢"是"打踢摔拿"四大技法中的第二种技法。"踢"字包含了下肢运用的各种技法，即膝顶、腿拨、撩踢、绷腿，以及脚上的弹、蹬、踹、跺、勾、挂、别、挑等具体的技法。

　　原始推手包含了很多方面，它是太极拳道训练中非常重要的一环，不可轻视。学者要深究，得下功夫，只有下功夫练习体悟，才可逐渐明白个中三昧。

二、二段位——掌握用着（二级）

1. 左右高探马

图1-27为左右高探马。高探马是一种形象语言，形容这个姿势像手抓马鬃、一脚踩蹬、准备翻身跨马背的姿势。

图1-27① 左高探马　　　图1-27② 右高探马

图1-28是左右高探马在推手中的实际运用。高探马是使双手产生力偶的关系，同时进身，利用身法向前的惯性和前腿的勾绊产生向前的力量，把对方冲击倒地的，这是最基本的技术方法。从打拳中找着练习

的感觉，在推手中试验，一直到熟练使用。这是练习推手检验拳架，再调整拳架动作姿势，使其动作姿势逐渐符合推手中的运用。

图1-28①　左高探马　　　　图1-28②　右高探马

2. 左右倒捲肱

图1-29为左右倒捲肱。左右倒捲肱，在拳架中是向后倒行的一种方式，是利用腿脚向后倒行绷带，两手臂控制对方上肢的用法。拳架的练习，就是模拟实用的练习。

图1-29①　左倒捲肱　　　　图1-29②　右倒捲肱

图1-30为左右倒捲肱的实用着法。它的要领是，我的腿向后移动，并挂着对方的一条腿，当对方有前倾的身法时，我挂着的腿突然产生绷劲，加速绷对方的腿内侧。同时，我以身体上下中轴略加配合，围绕中轴，随腿的绷劲方向旋转，上肢双手又控制了对手的手肘，上中下同时发劲，对方必然按我的着法而倒地。但也像高探马一样，要在实际当中多加应用，多总结体会，随之多加练习，并经常有同伴互相切磋研究和推手实验体悟，就会提高得很快。如果经常和生人交流切磋，会更好地激发你的自信心和提高你的心理素质，为你的技艺提高打下深厚的基础。

图1-30① 左倒捲肱　　图1-30② 右倒捲肱

3. 左右内外採

图1-31为左右内外採手法。左右内外採法是擒拿手法里最简单也最容易掌握，又是最实用的手法之一，尤其在太极拳道推手里，是最容易掌握的擒拿法之一。

图1-31① 左内採　　　　图1-31② 右内採

图1-31③ 左外採　　　　图1-31④ 右外採

但真正能掌握好，在实用当中能做到手到擒来并不容易。即使你掌握了技术，但双方是活动中的人，瞬间都在变化，更何况在使用採法时，往往你的手法还没有到位，对方已经和你硬撑硬顶起来，力量大小差不多，你想拿拿不下来，双方僵持在那儿，一时也没有啥好办法。其实不但要掌握技术，还要掌握心法，兵法中的障眼法、声东击西法、欲上而下法、欲擒故纵法等的战术方法，都可以帮助你解脱困境。这就是人们常讲的"好拿不如赖打"，打就直接一点，好学一点。

左右内外採拿法的要领：首先要把控制对方手的位置掌握到位。到位后，就要向对方关节不能活动的方位转动，配合身法与手法同时运用，则事半功倍，身上的力量比手上的力量大得多，使用身法採拿对方，隐蔽性也强。

内採：手的虎口对准对手的手掌小指侧，四指根和手心握住对手四指的手背面，四指第一关节扣握对方的虎口处，其他几个手指依次紧握对方的四指。用自己的另一只手的拇指和食指紧扣对方的手腕关节，使其手掌和小臂结合部与上肢断开劲，此时我两手合劲旋转採拿对方，对方将会疼痛难忍。如果是练习，双方可以互相喂劲，以便尽快掌握要领。如果掌握不好，用劲过当，造成的后果会很严重。所以，我们既要掌握它，同时又要学习如何防护的措施，以避免受伤害。但如果是对付歹徒，就可以着实使用，因你不伤他，他便要伤你。尤其对于持械者，更应做得到位，"稳准狠"，让对方丧失战斗力，并束手就擒。

外採：自己的主採手，拇指上搓对方手背无名指下的掌骨，其他四指扣握对方手掌小指侧的小鱼际处，另一手辅助主採手，共同完成外採手法，使对方手掌小鱼际处围绕小臂轴线向外旋转，实施对对手的外採法。其要领与内採手的要求是相同的。

"掌握用着"小结：

掌握用着之二段位（二级）很重要。本段（级）是练习摔、跌和拿的基本着法。这几个基本着法，看似很简单，真正掌握还是有一定的难度的。关键是在动态下怎么控制住对手，你才能施展技法。其办法是：先把左右高探马、左右倒捲肱的固定着法掌握好。这些着法的运用，要靠练习双方互相喂劲，包含左右内外採拿，先练死着，互相配合喂劲，把死着练熟练活，再在推手中慢慢体会运动中如何施展出来，把死着练成活着。这里也包含了手眼步身法的相互配合，配合好就慢慢地用出来了，逐渐过渡到比较熟练，得心应手。然后再把高探马、倒捲肱、内外採互相结合练习，用高探马时有内外採法的配合，就能控制对方，倒捲肱也是如此。这样基本上算掌握了以上三个着法，三个就可以变成六个。

28

还可以逐渐加上拳架中的其他着法，像白鹤亮翅、斜行等，这样会提高你无穷的乐趣。

三、三段位——着法纯熟（三级）

1. 白鹤亮翅变倒捲肱

图1-32为白鹤亮翅变倒捲肱前，图1-33为白鹤亮翅变倒捲肱后。

图1-32① 　　　　　　图1-32②

图1-33① 　　　　　　图1-33②

白鹤亮翅的手法控制与高探马近似，也是一手高一手低。高手控制肘节，低手控制腕节，用上内採劲，并向前趋身进步，哪边的手在高处，就用哪边的膝盖外侧，顶拨对方腿内侧，并向前进步，整体身法推进，占领对方中轴、重心，迫使对方后倾跌倒。此时，往往对方会顶劲，不想向后方跌倒，这样他就有向前的顶力存在。我则利用对方向前的顶劲，贴身旋转并退低手这边的脚，向自己高手这边的脚跟处退半步，同时高手这边的腿和身体旋转方向一致，并绷腿绷脚，施展到对方贴近我的腿脚上，使其受我的旋转力而跌倒。白鹤亮翅变倒捲肱，也相当于高探马变倒捲肱。白鹤亮翅是倒捲肱的变异，手法相同，只是用另外一只脚而已。故在这里练习的主要是"变着"，一着变两着。

2. 倒捲肱变勾脚摔

图1-34为倒捲肱变勾脚摔前，图1-35为倒捲肱变勾脚摔后。

图1-34① 图1-34②

图1-35① 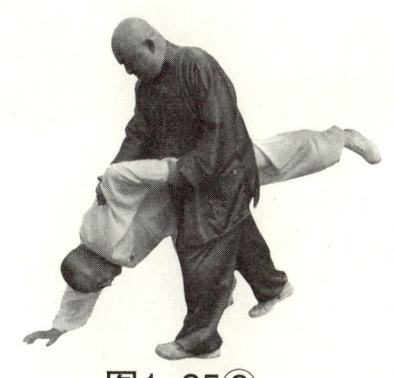　　　　　　　　图1-35②

当我向内旋转、施展倒捲肱摔对方时，对方会有反抗的顶劲，我趁机利用对方的顶劲，进步进身贴近对方身体，并用进步的脚向内勾挂对方支撑腿的脚跟外侧部位。我的身法跟进，双手随身轻轻向前推按对方身体，我为竖对方为横，对方就会被我很轻巧地发放出去。

3. 十字阴阳颠倒颠（阴阳颠倒十字手）

图1-36至图1-38，此三图为十字阴阳颠倒颠（阴阳颠倒十字手）。

图1-36 　　　　图1-37 　　　　图1-38

图1-39至图1-42，此四图为阴阳颠倒十字手实用演示。

图1-39

图1-40

图1-41

图1-42

"阴阳颠倒颠"，这是张三丰祖师的口头禅，他的著作里经常有"花开花落阴阳颠倒颠"之类的阴阳颠倒的说法。十字手的用法恰是运用了三丰祖师阴阳颠倒、颠倒阴阳、阴阳互换位、颠来倒去、倒去颠来、引君入瓮的手法和思维模式，也是哲学层面的辩证法，以及太极文化的阴阳辩证关系。我们在这里就是运用了三丰祖师的阴阳辩证大法，而且在太极拳道实战模拟推手、散手与实际运用中，会充满这种辩证大法的思维模式。在运用十字手着法或者类似这种方法时，对手的大脑会形成一片空白，完全不知所措。

"着法纯熟"小结：

本节主要突出一个"变"字，就是《易经》的"变易"之变。白鹤亮翅变倒捲肱，倒捲肱变勾脚摔，十字手阴阳颠倒颠亦是变。这里就是把上两节讲的推手中的"打、踢、摔（跌）、拿"的四大基本法则的着法来回变着运用。由生变熟，由少变多；由一着变两着，由两着变多着；由一式变两式，由两式变多式，再由一着两式，变多着多式，一直变到无着无式，出手就是着，出手就是式。从基本的着式着手，向复杂多变的着式努力探索研究，从而熟练地掌握多种着法和变化方法，最后达到着法纯熟的层面。一开始，从不会到会，从易到难，积少成多，最终向懂劲层面过渡，当你的着法运用得得心应手时，就是你进入"懂劲"的时候。愿学者努力，只要坚持不懈，就一定会实现得心应手的局面，过渡到懂劲的中级阶段（层面）。

第三节 中级阶段（懂劲）

四、四段位——重黏缠人（四级）

1. 造势占位

造势不可小觑。事与物，由一种状态转化成另一种状态都会有一定的势态，这个势态就是该事物发展的趋势。趋势是事物发展的内在的一种势能走向。势能是潜在的一种能量，当遇到适当机会它就会爆发出来。势能是事事物物、时时处处都存在的一种潜在状态。讲地势，山高势高水流急；讲人脉，人多势众怒勿犯；讲天时，天机难泄势时在。趋势是势能的含机待发状态，如果能提前发现一个事物的发展趋势，并能有机地提前做好应对的准备，这件事物就有了80%～90%的成功几率。"凡事预则立，不预则废"。能瞻前才能顾后，做事就会有成功的把握。为了提高我们做事的成功率，就要学会"造势"，再因势利导去做事。造势分三种：一种为天然，即天地造化；二种为改造，即人为改造天然而成；三种为人造，原本没有的，由人所创造的叫人造。在实战模拟推手中，我们就要学会制造利于我方不利于对方的态势，形成我顺人背的态势。太极拳论中有曰"得机得势合即出"。什么叫得机得势？机者，机会、机遇；势者，势态、势能。只有得了势，有了势能，才有机会，所以应先得势才能得机。为了得机，必须先得势。这里的得势，是靠你所创造的得势，得势才能寻机而动，动而有果。所以我们讲造势，造势为了有利我得机，造势是为我克敌制胜创造机会。造势靠占位来完成。在实战模拟推手中，在搭手前就要有占位造势的强烈意识，把这种意识融化到我们血液里，由有意识的训练到一种下意识的行为形成，和对方推手，时时处处都在占位造势。怎样占位，占什么位？一是守我中轴，搭手迫使对方的手偏离其中轴线；二是如果对方顶住劲不让位，我则不能与对方顶劲，反而趁势进行步法转换、身法调整，从侧面对准对方中轴线，形成我顺人背之势。这叫我主动用身、步法变换占位，不和对方硬抗；三是在空间占位，在搭手前，我的意识，通过观察和感觉，已在空间占了位，只是在运用的瞬间，对方已背了而不知道，挨打了才能感觉到，甚至感觉不到，想变化已经来不及了。占位造势是在初阶训练的基础上，更加突出思想意识的训练，加上手眼身步法的技能提高，时时处处我们都能处于得势的有利状态。

2. 缠绕逼塞

由着熟向懂劲阶段转换的过程中，把着法的变换和身上的内劲的劲路联系起来，由劲路来指导或者驾驭我们的着法。这种控制对方的能力不是着法的问题，而是我们的内劲控制对方的运动状态。起初也因为我们自身把拳架练习到了相应的程度，就是"松沉柔软"的状态。我们的肢体在松沉柔软的状态下，能把我们的劲附加到对方身上，利用我们的体重缠绕着对方，在缠绕的同时逼迫对方向背劲的方向转换。我一直跟进，并且像木匠塞楔子一样，一直逼迫对方，使对方使不出劲来。对方一动我就缠绕跟进，逼塞住对方，使他身不由己，时时处处被我控制住，造成我顺人背的态势，这就是缠绕逼塞。

3. 寻机用法

在占位造势、缠绕逼塞过程中，我已经在推手的动态中有效地控制住了对方。在这个过程中，我主要是练习了紧紧跟随对方劲路，并在逼塞对方劲路的情况下，知道了对方重心的变化。他让一点，我进一点，填上一点，他若顶一点，我偏过一点，再让他一点，再跟进他一点，就这样一点点地、紧紧地黏住对方。这样一点一点地一直把对方控制到极度的背势，一直在背势中不能自拔，而我的机会就来了，可用各种着法，施加于对方之身。整个重黏缠人的阶段，就是一个寻机用法的过程。由于我之黏劲过大，松沉地能和对方融为一体，在用某一着法时，粘黏连随，不丢不顶，一直使对手不得劲，始终都处于背势，不能还击，一直到被我打倒制服为止。这就是重黏缠人的状态。

"重黏缠人"小结：

重黏缠人阶段，是懂劲中的开始阶段，是寻求对方变化中的重心，是练知人的功夫。重点是将盘拳架得来的松沉功夫在实战模拟推手中运用出来，体现出来。在重黏缠人的过程中，不断寻找变化中的对方的重心，跟上对方的重心变化的劲路，对方往什么方向运行，我都能跟上其劲路，并能塞住其劲路，从而使我练出"我独知人"的功夫。俗话说，"盘架练的是知己的功夫，推手练的是知人的功夫"，即此意也。

五、五段位——轻黏从（随）人（五级）

1. 顺势占位

顺势占位与造势占位有一些区别，造势占位要缠绕对方，塞逼迫使对方，拨动对方，有抢夺占位的意思在里面。造势占位容易和对方在占位的瞬间产生一些顶劲的感觉，有一些逼迫着对方转动，而我在利用对方逼迫对方、抢行占位时，有意与无意间，会造成你还在用一定的力来牵动对方。而顺势占位则是我在和对方接触点上轻轻地黏住对方，尽量由对方启动，他往哪儿走，我随着他走劲，而我在粘黏点上轻轻地扶住，再利用我自己的步法、身法进行调整，从而不断适应对方劲路的走势，就是顺着对方劲路，调整我的步法身法，寻求我的势，顺着对方劲路而得到有利于我的势态。对方找我的重心，我再顺势转换，不让对方找着，就是顺来势而得势，从而占据对方重心，得以占位。

2. 逆来顺受

逆来顺受是形容顺势占位的过程中的思想意识，必须不能抵抗顶撞对方的来劲，对方怎么走，我就怎么走，"急来急应，缓来缓随"，也是不承受对方来力的训练，这种训练，我称之为"不受力"训练。但在和对方接触点上，一定要粘黏住，不过要把握住力度，重了顶回去，轻了对方感觉不到，他就不来找你了。断了劲他就更没有反应了，更不跟你了。你就是在黏走对方来劲的过程中，他不来有失重的感觉，来了我又走了，造成对方不摸又不行，摸又摸不着，就这样在不摸还存在、存在摸不着、浑浑沌沌恍恍惚惚、不即不离潜意识的状态下被我牵着走。在这种"逆来顺受"的过程中，不让对方知道我的重心变化，而我则能处处知道对方的重心变化，始终处于一种避实就虚、逆来顺受的状态。也就是逐渐培养我们一种不受力的潜意识，能做到一种对方力量再大，就是加不到我身上，我还能在这种状态下，寻求对我有利的"势态"。

3. 得机用法

在逆来顺受中，独得对我有利的势态，寻求得势后的战机。一旦得机，则不可犹豫，立即运用相应之着法，一举成功，得来全不费功夫。得势才能有得机，得机迅即出手，则有意想不到的效果。因为你确实没用力，而是顺着对方，使对方就范的。

"轻黏从（随）人"小结：

重黏缠人阶段是通过逼迫缠绕对方，并在动态中始终给对方施加一定的压力，从而寻找对方重心的变化，逐渐掌握对方的重心，练习"我独知人"的功夫。而轻黏从人，是在和对方轻黏推手中逆来顺受，轻轻地黏住对方，牵动对方跟着我走。他要找我重心，我就是让他摸不着，又舍不得，轻轻黏着，轻轻地走着，达到"我顺人背合即出"的状态。这也符合太极的阴阳颠倒颠的思想，即现在人称逆向思维或反向思维的思维模式。一般人的习惯，对方有力，我亦有力，我就会承受对方的力，而且越紧张越承受力，是一种本能反应。而我们则恰恰相反，对方越用力我越不用力，对方越紧张我越松弛，越不接受对方的力，使对方的力没有作用点。不管对方怎样变，我就是不受对方之力，你力再大，又奈我何？培养这种思维模式，才能走到太极拳道的高深境界，这样才能到达"神明"阶段，才能真正理解什么是"无"与"有"，什么是"弱"与"强"，这是分水岭。

六、六段位——空黏由己（六级）

1. 时空占位

时空占位是指就在当下。当下的时间，当下的空间，与对方的接触点是空间接触，实际并没有接触上。由于我们有意识的训练，我们通过不实接，而是利用眼睛的观测和身体的各种触觉在空间的信息感应，通过空间虚的接触点而感应对方的动态。在这种状态下，更进一步地培养我们感知对方的能力，也就是培养"我独知人"的能力，同时培养"人不知我"的意识行为，从有意识培养到无意识的形成，不接触对方也能感知对方。从较近的距离能感知，逐渐到较远的距离也能感知，这说明你的感知力是在不断的提高。在这种空接的状态下，自然容易占据有利势态，并获得思想上和肢体上的一种自由的状态。这样和对方动手切磋交流以及实用，都可以达到一种随心所欲的状态。就相当于和对方动手过程中，没有任何阻力，像自己在打拳的感觉，对手对我们来说没有任何威胁。这时的你，就是不占位也在占位，占位也在占位，时时处处都能得势得机。我曾在《太极拳道》一书中形容："占领空间打人魂魄，使人如入鬼域神乡。"

2. 避实就虚

时空占位的目的，就是让对方根本不知道我之所在，如捕风捉影，看似有实则无，达到这种状态，就是运用"避实就虚"的方法。只要有这种"避实就虚"的思想意识，并一直贯穿其中，就是在练习"变化"，好似在练习孙大圣的七十二般变化，甚至更多的变化。变来变去，就是使对方看得着摸不着，不即不离。"避实就虚"是一种思想意识的训练，也是我们行动的指南，思想上不想让你摸，行动上你摸不着。做到行动上摸不着，关键是思想意识上不想让摸着，你要用这种不让摸着的思想意识，在拳架的训练中，使自身的"形体行为"训练达到让人摸不着的一种客观实际的状态。也就是说跟意识训练一样，在形体上也要训练达到"避实就虚"的轻灵状态。随时可随机而动，不假思索，没有任何羁绊。当思想意识和形体行动高度的统一，进行这种训练，就能做到"避实就虚"。

3. 随心所欲

因为思想上、行动中没有任何的羁绊、挂碍、牵扯，都达到一种"解脱""超脱"的状态，这种状态就是一种"自由"状态。只有到了这种状态，才能说"随心所欲"。在与对方实际运用中才能我想咋办就咋办，心有所思，行有所为。在实战模拟推手中达到懂劲的高级阶段，就是空黏由己，获得解放，获得自由。

"空黏由己"小结：

空黏由己是实战模拟推手第二个层次里最重要的一段（级），你将从这一段（级）进入"神明"层次。能达到这个层次的人是比较少的，甚至有一些人根本不愿去了解，根本不想知道如何能达到这个境界，因为思维模式不同，"道不同不相为谋"。到了懂劲的第六段（级），就是又一次的脱胎换骨，从原来的你，变成了一个新的你。你会发现你的思想精神气质、身体内外、为人处事都发生了天翻地覆的变化。它在你修行的征途中，改变了或正在改变着自我，克服自己的本性，大踏步地向前迈进，在修行的大道上，又跨越了一个新台阶，你的思想行为又进入了一个崭新的境界，不单是技艺的提高，更是人生品质的提高。

第四节　高级阶段（神明）

七、七段位——发劲圆整（七级）

1. 心意神占位

心意神占位，则心有所思，意有所指，形具其神，心领神会，意气风发。因为长期的练功，形成了身体的肢体记忆。我经常说，从有意识练习，到无意识养成，一遇到具体情况，身体反应的速度相当快，根本不需要经过大脑思考和想象应该怎样应对技击中的某着某式，而是身体的自然应答。心意神占位的思想，就是这个意思，就是这么训练出来的。平时打拳时，就是想着一圈一圈的划圈，不要刻意怎么想，只是想着把身体各个部分都能转到，都能转圈。以中轴为界，把身体左右两边的各个部分都对等地反复划圈，而且越划越细，越细腻身体转动的范围越大，身体不受对方控制的范围越大。上边身体和上肢划着立圈，下边下肢虚脚是划着立圈又在走着平面的圆圈。比如拳架中的"玉女穿梭""左右白鹤亮翅""摇步"等，凡转身都包含着步法，"动步"就在走圆圈。所以我用"划圈走圆"来形容拳架中的移动规律。这些上肢和不承重的下肢，以及这半个虚着的躯干，都在划立圈，是谓"公转"，同时，还都围着自己这个部位的中轴在做"自转"运动。就像太阳系中的八大行星一样，围绕太阳公转的同时，还围绕着自己的中轴自转。公转划立圈，自转走平圆。上肢划圈和步法的走圆，就形成了立体交叉的螺旋式的转圈。在转这些圈的同时，就是在练习时空占位的能力，你占了这个顺势的势态，对方就是一种背势的势态。这是对自身身体必须具备这种占位能力来说的，既不受力又要占位。形未动意已到位，意在人先，你必须具有形能随意到位的能力才行，意在人先，行动跟不上，不顶用。"心想意到神占位"，这是战术层面的意思，精神上的准备和形体上具备这方面的"下意识"或说"潜意识""无意识"（这三种意识是一回事，就是道家讲的"元神""元气""元精"）等，都要共同到位。

2. 步身手一体

"步动身随，手到脚到，打人如薅草"。这句话就是说，身体这个形体在连续划圈的运动中，既要同步运转，又要上下传递内劲，即人们通常说的"上下相随"的意思。劲要整，而不是通常说的"用力气"，用的是你平时养成的内在的内劲和运动的惯性。形体上能同一和统一地形成一致的用劲（不是用力），就叫"整劲"或"劲整"。这是通过若干的时间在拳架中练习出来的能力。故而要在思想上指导明确，理论上真实明白，实际上又反复体悟，认真刻苦练习印证。从有意识地练习这种能力，逐渐养成一种习惯性的自然反应能力，形成三丰祖师要求的，重新建立新的"用力"机制而达到相应的条件反射应激能力，而不是"本能"。太极拳道是真正按照老祖师的要求进行平日的训练的，从而形成强大的圆整之劲。这个"整劲"，就是步、身、手一体，是从物质层面来说的，身体必须具备这个能力，才能做到"打人如薅草""上下相随人难进"。这里是指具体的技术能力，在一个小战役、小战斗中更应重视，不马虎，要做到战术到位，技术领先，既知对方，又知自己，知己知彼，百战不殆，方可稳操胜券。

3. 相触者即发

能做到心意神占位和步身手一体，就可以"相触者即发"。人们常用"一触即发"这个词，这个"一触即发"，曾经使我困惑误解了很多年，一直想追求"一触即发"的境界。多年后才逐渐体悟明白了，不是对方来劲了、触着我了、我再发放对方，就叫"一触即发"，这是单方面的理解，不完全，不全面。而应是我与对方不管是谁主动进攻或防守，只要双方一相接触，就是"触"。只要"接上火"了，无论是打攻坚战还是阻击战，打阵地战还是运动战，以及游击战中的伏击战、麻雀战、地雷战、地道战，凡"交上火"就是"战"，就是"相接触"，就是"接触"，就是"触"。在我们太极拳道里，无论"相接触""相触者"，无论谁接谁，谁触谁，都叫"触"。这个用"相触"，就是双方的事，双方的意思，包含阴阳、太极的意思。只要相触上，就会有结果，这个结果就是"发"出去或打出去，所以叫"发劲圆整"。或者反过来说，圆整后的形体意识一致，才能"发劲"浑厚干净利索，不拖泥带水。精神物质一体，双方相触后，你就能一触即发，并发劲圆整。"一触即发"不能理解成你来触我，我才能发放你。我找你触你，一触上你就发你，仍叫"一触即发"。所谓的"一触即发"，它是双向的，不管谁主动谁被动的接触上谁都是"触上了"。这时是相对的触，触上即发，就是这个意思。

"发劲圆整"小结：

发劲圆整已是到了神明阶段了。发放人，已是得心应手，不加思考，随意的状态"触"上就能把人发出去。关键是心意神要想着和研究着怎么发放，再怎么具体去做。心意长期给自己心灵深处灌输这种想法，使这种想法产生的意识由"有意识"去做到熟练地形成"无意识""下意识"或"潜意识"的状态，就是产生了"神"，这个神，就是"元神"。在打拳过程中，按照达到这种技能的要求，用相应的具体方法进行专门的训练，产生了"发劲圆整"，发劲到位的形体或肢体的记忆，意识和身体高度的协调一致，自然而然地产生这种能力，就算完成了"发劲圆整"的训练阶段，或者说具备了这种能力。

八、八段位——泄劲发放（八级）

1. 顺趋势占位

严格地说，到此阶段你对对方的感应和控制能力又大大提高一步。关键是能顺应对方运动的趋势，具备了提前占位的思想意识，使对方的势能在他运动之前期，已在你的掌控之中，准确无误。此时，你可守株待兔，超前与对方接火，从而你的时空速度又有新的提高。这是一种不受力控制对方的思想意识的延伸，对方来了，我不顶撞，亦不承受对方之力，顺他的劲而占位控制了对方。

2. 步身手空接

既能顺趋势占位，当然要达到步身手空接，只有步身手不受阻力，也就是说无阻碍，才能空接对方。没有实际的接触点，而是靠感应虚拟一个空间接触点，做到你知对方不知，你变化对方不知你变化，至于对方变化，你是一目了然，清清楚楚，不差分毫，如"对卯如榫"、电影院看电影"对号入座"般，准确无误。

3. 随落点泄放

既能顺趋势占位又能步身手空接，随落点泄放就是水到渠成。随落点泄放，其势就像拦河坝拦水，待河水暴涨，必须像泄洪一样，突然打开闸门，其水势汹涌澎湃，突然凌空奔放，一泻千里，势不可当。这个势能奔放的力度看似很大，但不是你用力所为，而是你利用对方的势能，顺势而为。不用力，但依靠对方运动趋势的势能，造就了被放出去的力度，干净利索。对方被放出去，亦不知何故，亦感觉不到你对他是否施放了什么着法或用了什么力量，当在落点上知道了，人已经飞出去了。

"泄劲发放"小结：

泄劲发放的三点，是三位一体："占位""空接""泄放"，都在瞬间完成，不假思索。精神与物质高度的统一，意识与行为高度的统一，而且都在不假思索的瞬间，不期而遇，将对方轻松地泄放出去。结果是明确的，过程是简单清爽的。不在其中，不知其味儿。这就是神明，神而明之。

九、九段位——沾衣即跌（九级）

1. 下意识占位

下意识属于心理学中的名词，在中国道家文化里就是指"元神"。由于长期的练习，在有意识状态下按照自己的想法意识的训练，已形成一种自然的、能在一定条件下自动反射的机制，从有意识训练到无意识形成，产生下意识的行为，不用大脑思考，不用当时去想象和判断，肢体会自动产生一种反射行为，恰恰是自己有意识要求的意思。下意识占位就是这样，因平时就一直在练习和想着和对手一有对抗推手的意思在，思想上就已经占了位，一旦出现这种状态，身体会自然而然下意识地去占位、使身体自动化抢占有利地位，使对手处于不利地位。我有利就是我有势，对手无利就是对方无势或失势。有势就有机，无势则无机，形成我顺人背的态势，使我得自然之先机，占住了我与对手之间的时空位置，使对方还不知道。因为练到这个程度上，已经不和对手实接了，而是空接，空间占位，得其时空，使对手莫名其妙，不知其然，更不知其所以然。

2. 潜意识感应

潜意识感应，亦是心理学的名词，中国道家文化中即是元神的感应。平时自己不知道，其实身上已经有了这种潜在的下意识的功能了，只是没有在特定的时空环境中显示出来，如西山悬磬，风吹草动皆有感应，就会发出鸣声。如果外界没有这个"风吹草动"之催动，这个磬就不会发声鸣叫，原因是没有东西去感应它，它自然不会反射声音。但不等于它不具有反射的能力和机制，不等于没有灵性。它已具备了"鸣"声的客观条件，只要有外界这个"风吹草动"的主观条件，它自然就会因反射发出鸣叫声。我们的修炼过程就是把我们的身心、性命都修炼到已经具备了鸣叫的"西山之磬"，具备了极高的"灵性"，一旦有下意识地指挥，这个具备灵性的西山之磬就会发出相应的鸣叫声。称之为"有感皆应，感而遂通"。

3. 超意识发挥

超意识，超出我们常人的想象。比如现在经常有人讲"超人"，超人大约是古人认为的"神人"吧！其实是一般人的表现所不及、感到很神奇的一种表现出来的现象。有超意识就有超能，大大超越常人的想象力所表现出来的超常能力，而这个能力是我们经过科学的思想、理论、方法、创造、努力修炼而达到的一种状态。整个第九段（九级）就是用"沾衣即跌"来形容，而达到了神乎其神、神而明之之境界。如果说到此境界以为修炼到头的话，仍然是错误的。大宇宙之神奇无奇不有，大千世界之神奇无奇不有，我们人类的认知仅仅是沧海一粟。因为根据我的理解，古人先圣都认为宇宙是"其大无外，其小无内"的，大到无穷无尽，小到无穷无尽。我们现在的科学研究不是这样吗？现代科学对宇宙的探索可以达到对若干亿光年的星球进行探索，仍没有发现宇宙之边际。同样，现代科学对最小的元素的探索仍然是永无尽头。所以我们就是修炼到了所谓的"神明"阶段了，是否是"最高"了，答案是"没有"，答案永远都是"无穷无尽""永无边际"。所以你打拳打得再好，推手推得再好，实用功夫用得再好，都没有什么可以骄傲和自满的。只有永远向前努力探索，永远向前寻求"未知"，从"无穷无尽"中寻求"有"，这就是"无中生有"。换句话说，"无是永恒的，有也是永恒的"。所以"道"就是永恒的，我们探索努力修行之道也是永恒的。永恒地修行下去，永无止境！太极拳道就是研究这个永恒之道的。用永恒之道的思想理论方法去探讨研究太极拳这样一种拳术，这就是太极拳道。

"沾衣即跌"小结：

"沾衣即跌"是一个形容词，有时也有不沾衣就能跌出去的状态。所以有人用"凌空发放"或"凌空劲"打人，云云，对常人而言有点匪夷所思。因为人是有头脑有思想的活人，在双方推手或技击状态下，尤其太极拳在实际交流切磋或在实用搏击中会发生没挨上或者说"没接触上"人已跌出的现象，或者挨着了，太轻了，对方感觉不到挨上了就凌空跌出了。为什么这么说呢？因为修炼到高深状态后，你的劲会非常轻灵，由于你轻灵的动作，从表象上看是有个实物存在，而在对方来说，他是看得着摸不着，变成了一种影子状态，或者说"气化"状态。随着你运动的表象，会给对方造成心理上的恐惧。对方会因你这种挨不着却能看得着的形象而找你的重心，但你能迅即变化，使对方在摸着你的轨迹但又摸不着实体的状况下，牵动了对方的重心而失去自我控制。对方在失去重心的情况下，"如临深渊，如履薄冰"，一个不注意就掉进了深渊，掉进了冰窟。这就是所谓"凌空劲"的说法，但这只是一种高超技艺的表现，并不是江湖术士的故弄玄虚的意思。艺无止境，科学无止境。太极拳是张三丰祖师所创，三丰祖师说："太极拳是入道之基。"此话恰如其分。研修太极者，就从太极拳这个切入点进去，去窥探这"永无止境"的太极之道吧！故而"太极拳道"，就是永远探索太极的"无境之道"。所以我以"无境"两字作为对太极拳道之理解，作为对大千世界的"大无外小无内万物一体，生于斯灭于斯变化于斯，道法自然"的体悟，并以此作为结语。

第五节　体悟心得

一、接手

1.加强实战意识训练

推手双方在搭手的瞬间，互相搭上手，称为"接手"。接手，是推手的开始，与你能不能顺利占位有很大关系。我根据多年练功及与人交流的体会、感觉，如实地提供给学者，以便借鉴。接手有几种，一种漫不经意，很随便地就接上手了。这样不好，推手不是一般的玩意儿，而是要进入一种临战状态。我们的推手是一种实战模拟推手，对敌可立即进入真实的格斗拼杀状态，对友只是出手到位不伤人而已。训练时不能嬉皮笑脸嘻嘻哈哈，必须认真对待，要进入实战的意识状态，这也是一种严格的实战意识训练，一点都不能马虎。训练时马虎，实战中必定吃亏。练为战，非为看。

2. 正确接手方法训练

社会上有些说法，所谓的"散推手"就是其一。双方推手前，往那儿一站，面对面，两腿一叉，跟树桩子一般，你左手我右手、你右手我左手，好像准备拥抱一样。然后像跳交际舞似的，上中下三盘根本不顾，门户大开，由它晾晒着，还洋洋得意，似乎他就是武林高手。谁知突然遇到一个毛头小伙子，不知就里，一脚踢个人仰马翻。刚站起来，迎面一个捣蒜捶，犹如开了染料店，满地找牙！这不是开玩笑，而是确有其事。太极拳道不能这样，你必须老老实实，扎扎实实，不弄乖巧，出手就是一个金刚式，双手接对方的手和肘，两脚一前一后，前脚尖略内扣，与小腿形成一道防线，护住裆、小腹，前手接上接不上对方的肘，关系不是很大，关键是手指和脚尖指向一致，手、脚、肘、膝、肩、胯上下对照；后手守自己中轴的同时，指尖通过前手指尖指向对方中轴，后脚跟略离地面但自知人不知，脚尖通过前脚尖指向对方中轴线，膝尖瞄准对方裆部，后腿的脚、膝、胯亦三尖上下对照。这样上下、前后、左右、内外三合，处于攻防兼备的临战状态。这就是"金刚式"，这才是有备无患的接手。

3. 接手占位抢占先机

接手的目的要明确，就是为了抢先占领有利态势，先声夺人。摔跤特重抢把，抢什么把？抢里把，抢有利于我发挥技能的把位。跤界有话："宁让三跤，不让一把。"摔跤特别重视抢把和反抢把训练，实战模拟推手亦非常重视接手占位训练。接手是为了抢先占领有利位置，形成便于我进攻的有利态势。

4. 接手种类方法辨析

（1）硬接。受"推手掤劲不能丢，出手都要掤上劲"说法的影响，和对方一搭上手，就可着劲掤着对方，硬对硬顶着劲，结果听劲变成了顶劲。双方互不相让，犹若两头斗牛牴架，不是你死就是我活。一般身体强壮、力量雄厚或者刚从外家类力量型拳种转换过来的拳手容易出现这种现象。可惜的是有些打了多年太极拳，甚至打了一辈子太极拳的"大师"们亦是如此，并把学生"一顶""一对""一碰""一掤"即称为"一触即发"了，这是一个笑话。

（2）软接。一说不要顶劲，掤劲要小点儿，就变成了"丢劲"。手不粘人往后一缩，腰椎往后一坐，重心落到后腿上，这样刚好给了对方一个机会，人家一个劈掌，往前一按，自己便一个屁股墩仰面朝天了。

（3）粘接。太极拳道讲究出手是金刚式，讲究用掌，拇指与食指并拢，其余四指自然伸展，掌心微凸。与对方一搭手，前手摸肘，后手背贴其前手背轻轻粘住，对方掤劲再大，你与对方的粘着点上两手掌沿儿、手腕、尺骨前端都可以顺其势滚动，但你的两臂要松软不抗力，脚下步法和身法反而不退而进，贴近对方重心，以便有效攻击。

（4）黏接。粘接后，对方无论如何变化，在接触点上都要黏住他，随他变化而变化，这就是黏接。在黏接中听其劲之变化，粘黏不断谓之连，顺其变化谓之随。粘黏连随听其劲，顺劲造势得战机。战机就是控制了对方的重心，我随时都能攻击对方。

二、进身

推手在接手后，不管想用什么着法，都得把身法进入到敌人后方去，"打他个黑虎掏心"。贴近对方身体，己之重力线超过人之重力线，打倒对方，才是最佳得势，最佳得机。若如摔跤，凡交手，一定是贴身摔，越贴身越省力，动作小，效果大。往往双方都在抢占把位，抢里把，容易进身。跤谚讲得好"宁让三跤，不让一把"，抢不了里把，胜人就难，所以双方容易顶着僵持，迟迟进不了身。在推手中也常常出现双方斗力，顶着，都进不了身，原因有技术成分，也有战术成分。战术是"谋"，是智慧成分；技术是"艺"，是功夫成分。二者得结合好，才能相得益彰。双方搭手，以金刚式进行推手，这是前提，我们就是这种推法，这就是实战模拟推手。如果离开了这种推法，就不能很好地进入实战的状态，同样也就背离了我们推手练习的目的。是敌就进入实战状态，是友则掌握分寸打而不伤，这是界限。双方一搭手，我两手轻重一致，快慢一致，对方就不容易听出我的劲来。如果为了进身，可变两手用劲不一致，一重一轻，哪边重，对方就会把意识关注到重的一手上去，他会先走化或先顶劲，自然会忽视了轻手这边，我则在轻手这边进身，使用着法。这个方法一定很灵，习者持久练习，从中体悟，从粗到细，可越练越精，并能体悟出更多的道理。如果进了身，施展技艺却不能成功，那就是功夫的问题，就需要你认真练习具体的技术，提高功夫水平。

三、控制

控制就是通过自己的手法、步法、身法以及意识来控制对方。控制的目的，就是控制对方的重心。对方的重心变化，一开始你找不着，弄不清在哪儿，是糊涂的，但练推手久了，慢慢就会有感悟。控制的目的，是使对方重心不能随便变化。一开始在控制过程中，一定会顶劲过大，或者是丢劲过大。我认为刚开始练习时还是顶劲多些好，你如果不顶劲，就难以知道对方的劲在什么地方，人家都走了，你也不知道。这时的你就是要顶上他，他往哪儿走，你都不能让他走，缠住他，跟紧他，时间久了，加上盘架子盘得黏糊劲大了，也就能跟上对方的劲了。此时顶劲自然就会少点儿、小点儿，但你依然还能顶上，这就好，就容易掌握对方，控制对方。总之，对方走劲走得再好，你都要想方设法跟上他，顶住他，令他让不出，也过不了你的劲，你会从中慢慢体悟出你控制人的能力。这时除了盘架子之外，你在推手中会明显感觉到自己的功力增加了很多。

四、反控制

往往推到一定的水平，对方也是想顶你的劲，想控制你，此时你就要慢点儿走，以走对方的劲为主。人家的劲来了，你不必着急提前走，而是慢慢地走，在走劲中还要反控制对方的劲，他让你，你就进一点儿；他来了，你就走一点儿，不即不离。要过对方劲，又不让对方脱离，让到对方想控制你，似乎控制上了，又似乎控制不了你，使他舍不得离不得。你需要慢慢地体验，对方的劲来了，我怎么顺着他的劲走，尽量和他一致起来，以听劲听他的变化为主。我随着走劲，但又不乱走，而是听着对方的劲慢慢地走化，逐渐地对方一来劲，不管快慢、方向、大小，你就会知道一些。听劲时不要着急，还是慢慢地、慢慢地听对方，顺着他的劲走。听劲除了在拳架中练习"匀劲""黏糊劲"外，在推手中就是要练习对方怎么走，你就怎么走，跟紧，听着劲走。

五、倒手

在练习推手中，要练得越来越轻，越轻越灵。上下步推手，上边两手轮番互换划圈，下边两脚也上下转环走圆。在划圈走圆中，两手要互换倒手，两脚要变换重心，在这种状态下，"倒手"就显得非常重要。倒手要倒得对方察觉不到，脚下也要恰到好处，从而非常巧妙地控制住对方的重心，对方难以察觉甚至感到莫名其妙。我的一只手在这里倒到了另一接触点，换了地方却要让对方察觉不到。这有具体的手法。你和对方的接触点上，一个是手不换地方，身体其他部位能移走。比如脚下步法都走了，上边手的接触点没变，对方看得着，但跟不上，主要是给对手形成错觉，致其大脑反应不过来。还有这只手和另外一只手互换，也要使对方明明看着换了，但身体上却反应不出来。这就是"倒手"。倒换了虚实，不让对方察觉出来，你变了对方不知，而对方变了你一定要先知，这样你的重心对方控制不了，而对方的重心你却能控制得了，这就达到了反控制的目的。倒手的练习和身法、步法的变换，都能做到麻痹对方，使其不能预知你的重心变化和劲路走向等动态信息，从而减少预兆，提高制胜几率。

六、重心

1. 什么叫重心

地球上的物体，都会受到地心引力的吸引，物体受引力最大的点，就是重心。人体在垂直站立时，两脚平分体重，此时，一般重心在小腹正中央。它是和地心引力能量的抗衡点，这就是人们常说的"丹田"，我认为它就是人之能量的聚散点。一般人体直立运动时，其重心都在此位置，超出了这个位置，人就会失重摔倒。

2. 重力线

重力线就是物体重心到地心的引力线。人体上下中轴线与重力线越重合，说明身法越中正，偏离了身法就歪斜，偏离到人无法控制的时候，人就会失重摔倒。

3. 捕捉重力线

只有控制了重力线，才能控制重心。平时盘拳架，是练习自己对自己的重心和变化能力的了解，变化能力越强，自我控制的范围越大，也说明知己的功夫越强。推手则是练习知人重心变化的能力，故而捕捉重力线就能知道对方的重心。所以捕捉重力线仅仅练习推手还不够，还必须练习拳外之功。我为大家提供一些方法，可以举一反三。

（1）目视。目视静态物体是目视动态物体的基础。对你视野之内的一切静态物体，都要像木匠、泥瓦匠吊线一样，看出个子午丑卯来。意思是一定要看出它的重力线和某静物的夹角来。

目视动态物体相对难一点，你视野内的所有动态物体，不管是天上飞的、地上跑的还是水里游的，无论是天然的还是人制的，只要是能动的，你能瞥见的一定要在瞬间观察到它的重力线和该物体中轴的夹角。

（2）耳闻。古人说："勒马听风声，檐下闻雨声。"风声、雨声、万物声，声声有动静。在动、静之间听物体的重心变化，捕捉信息，使自己从动到静、从静到动的整个过程都能听到该物体重心的变化状态。这就不简单了，能跟上其动静的节奏，并能发生谐振就更好了。这样常年与各种物体发生谐振，自然地就会通过耳闻调整重心的变化能力。

（3）身触。人每时每刻都与外界接触，比如坐车、乘船、坐飞机，你可以用身体的触觉，去感受动态中的人与车、船、机的重心变化，避让虚实，调整重心，平衡稳定；游泳时感受水的阻力，打拳、行走、站卧时的风吹草动，都可以感受其间空气的摩擦、风力的大小，怎样避让，调整虚实，平衡重心，这些都是练习"听劲""懂劲"的拳外之功。

拳外之功很多，关键是要有心，有心处处是学问，"神而明之，存乎其人"。

第六节 段位升级考评规则

一、考评办法

太极拳道协会每年举行一次段位考评，考评升段，以本书设定的段位等级标准作为评标准则。具体细则，由考评小组或当时的考评组织机构决定。

二、考评场地

考评场地标识太极拳道徽记——三原色太极图。有效场地以外沿为准直径为4.5米的圆圈，圆圈内有3个同心圆，它们的直径分别为1.5 米、3.0米、4.5米，其边沿线为0.05米。另外，在考评场地4.5米以外，还设有7.5米的同心圆，作为安全保护区。整个场地可以是8米×8米或者9米×9米的正方形，可视具体情况而定。见图1-43。

图1-43

三、评分设想

考评场地的大小三个同心圆，在直径越小的圆内制服了对手，其分值越高；对方倒地未能制服者次之；推出圈外者又次之。

四、不分级别

不分体重，不分年龄，不分性别（初级阶段要分性别，何时分按当时具体情况再定）；分数相等时，以体轻者为胜。

五、安全措施

原则上是模拟实战练习，尽量施展实战技术能力，以不受伤致残为原则。要把战术技术能力施展到淋漓尽致，又要不伤害对方，这很不容易，非经千锤百炼不可，能到此地步，方为高手。高手就要收发自如，御敌能发狠手，遇友恰到好处。但在初级阶段要控制好，一般都是自己人训练，注意保护好对方，防止无辜伤害，更不能有意伤害。无辜伤害是技术技能低下，有意故意伤害是道德品质低下。修炼中首先要提高道德品质，其次要提高技术技能，要做到"德艺双馨"。以德服人，高于以技服人。能做到以德和技都能服人就是德艺双馨，这应是我们追求的目标。

六、制定修改

本考评办法、规则制定与修改权利归太极拳道协会。

第二章

太极拳道拳架着法在推手中的运用

太极拳道整套拳架共有七十五式。在赵堡镇传下过程中，从和庆喜传给郑悟清老先生时是七十二式，从任长春传给杜元化是六十四式，也还有传一百单八式的。当年蒋发祖师传授时，也是单式相传，单式练好，可以随意组合。听恩师刘瑞先生讲，在郑悟清先生手里，又增加了三个白鹤亮翅。以此看来，式子动作的增加，历代都有一定的变化，单式或连起来的单式组合，到后来又由组合组成更长一些的套路，都有一定的道理。但有一点与一般说的套路不一样，赵堡镇传下的套路，从不说是套路，只说"架"，比如大架（掰节架）、中架（收架、收敛架）、小架（代理架、承架）、领落架、腾挪架、忽灵架（忽雷架）等，从来不说练套路，而是说"盘架"。"盘"是什么意思？就是圆，就是圈。架是什么？是你的身形姿势。这个身形姿势，通过圆圈的练习，就变成了太极的圈。圈里有阴阳两仪、四象、八卦、八八六十四卦，可变化成无穷架势，最后变成无极的圈，就能变化无穷了。所以，架子的姿势名称多少不重要，而是把架子都盘成圈，这就是根本问题了。老子的"道"是啥？老子的道就是"一"，就是一个"无极圈"。"一生二"，从无极圈里生出了两仪阴阳，就是"二"。"二生三"，三是什么？"三"比较难理解，"三"就是万物生发的"基"点。"圈"有了"二"，"圈加上二"就是"三"了。这说明什么？"二"离不开这个"圈"，"圈"也离不开这个"二"，否则就没"三"了，万物就没有生发点了。万物是由无穷个"三"组成的，这就是老子说的道。老子的"道生一、一生二、二生三、三生万物"，最后"万物复归于无"。老子的"反者道之动"，就是万物从道来，最后又回归到道，回归到"无"，就是"无中生有，有中生无，无有相生，阴阳摩荡，变化无穷"。这就是道家的"无为"到"无不为"，再从"无不为"到"无为"。佛家讲的"空"到"色"、"色"到"空"，就是"轮回"。儒家讲的"中"到"庸"、"庸"到"中"，回到"中庸"。"中"是不偏不倚，乃谓中，"庸"是不变不易，乃谓庸，中从庸中来，再回到庸中去，乃谓"中庸"。三家合一，就是"无为""轮回""中庸"，到头来，就是个圈。来回变化的圈。圈其大也！这个圈可是不得了，这个圈归到了三家合一，归到了万物一体，归到了"道"，归到了宇宙的本体论，归到了万物的根源，归到了万物在变化中发展，在发展中变化，"不动之动，生生不已"。

　　正是有了这个传统文化的根，才有了老子的"道德经"五千言传世，"累德而成道"；才有了贤医良相济人济世；才有了释氏的"慈悲为怀"大慈悲心，普度众生，消除一切烦恼；才有了儒家的"修身、齐家、治国、平天下";才有了孙中山的"三民主义"的"天下为公";才有了毛泽东思想的核心"为人民服务"!"人法地,地法天,天法道,道法自然",均是大道之理,不能小看"盘架"一词,其中蕴含着天人合一之理。所以我们太极拳道继承了武当赵堡拳的盘架之理,盘来盘去,不停地在划圈走圆中盘架子,盘出"道道"来。

赵堡拳原本一出手的盘架子就是金刚式,要求三尖对照,所以叫金刚三大对。三尖是手尖、鼻尖、脚尖。在没出手之前是站着没动,没动是无,就是无极状态。后来不知是哪位前辈加了一个起势,手从两侧由下向上过头顶从脸前中线落下,复归于腿两侧,并说起势就是"无极式",也可以。从两手划一个圈来说,也就是一个圈一个空圈,脚下没动,可理解为"无极"。原来没有这个起势,一出手就成金刚式。没起势,本身没动,就是无极状态,不过无形、无圈而已。所以,无极式的起势有也对,没有也对,都在说明,太极是由无极而生,静为无极,动为无极生太极。

第一个架式　金刚式

图2-1为左金刚式,图2-2为右金刚式。

图2-1　左金刚式　　　　　图2-2　右金刚式

太极拳道现在的架子，第一个架式就是金刚式。一出手，金刚式划三个圈，三个顺时针的圈。第一个圈，两手从腿两侧由下起到身前中线，左手前右手后，前后相距一小臂长度，手心相对。同时左脚也向前上一步，成小弓步，脚尖略内扣，小腿和地面垂直，膝盖不能超过小腿垂直线。左脚变实，脚跟略有离地面之意，前后步幅与平时行走步幅相似。右脚尖朝前，右脚变虚，右脚跟略离地，自知人不知。左手指尖与头同高，右手指尖约在咽喉前。头顶要有上领之意，尾椎要有下坠之感。两手在前护卫上盘，以防对手从正前方和两侧攻击。两肘尖、膝尖、两大腿和两胯根到臀部，都要有前裹之意，有护卫胸腹中盘之责。左脚尖和小腿，随胯和膝内扣略内扣，护卫裆部以及下盘。右脚尖向前，瞄准对方裆部蓄劲待发，守中寓攻，脚跟似有弹簧，触着即发。外有脊椎上领下

71

坠，骨架相合，手、肘、肩、脚、膝、胯外三合。内有灵性，节节贯串，上下相随，精、气、神、心、意、力内三合。如静，此时就是攻防兼备的金刚桩左式。如动，继续两手顺时针向右划圈，脚下先右后左，重心从左到右，随势向右偏移，变成右脚实、左脚虚的小弓步。当两手向右划圈过脸前中心线时，瞬间两手合掌在脸前，同时两腿瞬间成小马步。两手和身体继续顺时针右转，当身体右转约90°时，右手尖应较前额略高，前后又分开约尺许。此瞬间应是金刚桩右式。无论左式右式金刚式的桩功形象，都是太极拳道推手和散手、搏击格斗的最基本的姿势。要求攻防合一，进攻时，已防守好了，防守的状态下，又同时具备了进攻的功能，这就是攻防合一、攻防兼备的状态。太极拳道拳架的盘练，都是由此基本格斗姿势生发、转换、变化乃至无穷。此时，两手继续顺时针转动，落到两腿根，刚好两手带动全身顺时针划了一个大圈。接着左脚尖左转，重心随之左移，右脚尖随着左转，身体中轴左转90°到135°之间，转回原位，面向前，重心完全落于左脚，左脚略内扣，右脚向前，左实右虚成小弓步。两手随身转，从腿根由下向上合掌捧着从裆前沿身前中线向上捧到脸前，如洗脸状。重心也由左下向上、再向后逐渐随脊椎向后下落，重心转换，由左脚渐落在右脚，两手也落至裆前，这时完成了第二个圈。不停，复两手内翻，掌心向前有按意，重心又由右脚向前、向左脚转换。当两手前按上推至下颏时，两手再转内捧，并继续沿身前中线下落至小腹前，左手掌右手拳，这是第三个圈。这个金刚式就算完成了。以后的整套架子，都是由这个金刚式演化出来的。

推手时，一出手无论怎么推手，都要保持金刚式这个架子，无非是左右两边转化而已。散手实战运用的基本格斗架子仍然是金刚式。在搏斗中随时随势要调整这个架子，才能做好防守工作，才能单一地考虑攻击问题。在这里我们只从推手这个角度来说某架式的作用，但推手又是实战的模拟，所以不能截然分开。我们通过学习这个过程，应该从中领悟这个道理，虽不是真实的格斗，但却是真实的格斗模拟。

从金刚式的一出手，双方搭手开始（以左式为例），左手摸肘，右手背互搭，都是左脚在前，两人左脚之间距离也就是30厘米左右。这个搭手的架子，双方上肢四臂形成一个太极图，下肢都是一个左式小弓箭步。然后，左脚都后退一步，和自己的右脚相并一下，不停。双方上肢先保持原来的架式不变，同时又都出一只脚，但其中一人出左脚，仍是左金刚式，而对方则变成出右脚，在对方左脚内侧相挨。同时出右脚者，左手去自己右肘弯处接对方的左手，手背相接并往左逆时针转动，右手把对方的右手放在自己的左肘上，在随左手转动的同时，右手、右小臂也缠绕着对方的左小臂和左肘尖上一点，变成右金刚式。双方左手背相

图 2-3　双方左手背相搭

搭，右手都摸对方的左肘（图2-3）。此时，双方形成一个是左金刚式，一个是右金刚式。

右金刚式者，右脚在对方左脚内侧，左金刚式者，左脚在对方右脚外侧，但要内扣一点，以防对方能起膝顶击裆部。右金刚式者，右膝和小腿有右拨对方左膝、左脚的意识，同时左膝、左脚尖都瞄准对方的裆部，随时可以攻击对方。

第二个架式　懒插衣

图2-4为懒插衣。

图2-4　懒插衣

懒插衣衔接着金刚式的落点。右拳变掌，由下向上和左掌相对，约一小臂长，顺时针两掌旋转，相当于抱一个太极球立体式的顺时针旋转，两脚也随两手转动，左实右虚变右实左虚。这时两手抱球转到左手掌在上、右手掌在下，整个身体是右实左虚。再继续顺时针转，左手心向下落实，左脚实；同时右手心向上，外翻手掌心，同时两手掌向右侧顺时针划圈，此时，右脚随两手往身右侧跨一步，变成右实左虚的小弓步。

在推手当中，我之右手拧转对方右手，左手摸对方右肘，两手顺时针拧转对方右小臂。当我右手拧转到我的身前裆部时，左手拧转对方右肘到我的胸前，我把对方的右手交给我的左手，拧转的劲不丢。右手腾出，搭在对方颈椎右侧，向我的右侧方发劲，掌心朝向我右侧，左手助之。

第三个架式　白鹤亮翅

图2-5为白鹤亮翅左式，图2-6为白鹤亮翅右式。

图2-5　白鹤亮翅左式　　　　图2-6　白鹤亮翅右式

推手中不离"上有太极图，下有阴阳步"的基本格局。离开这个格局，就超出了推手的范围，这就是我们从上边传下来的"推手"。太极拳道的练习者，应继续遵循这种推手方式，没有所谓的"散推"，或其他类型的推手，只有这样的推手，才容易培养出实战的能力。因为"金刚式"的推手，始终包含了"攻防兼备"的状态，和其他的推手不一样。我们这种推手，只要互相搭上手就是实战模拟推手，如果不衔接，离开了就是散手，散手就进入实战状态，而不是你摸我、我摸你的一般的摸摸劲的随意散推手了。如果只是随意推手，推来推去，把原有的实战意识和技能都会推得没有了，变成了为推手而推手了。这一点很重要，也是我们和其他形式推手的原则性区别。

在推手中，当我以左金刚式变右金刚式时的过渡就是白鹤亮翅的右式；当我以右金刚式转换成左金刚式时的过渡就是白鹤亮翅的左式。就是在这个虚实转换的过渡中（以右式为例），我左手可采对方左手顺时针拧转，右手和小臂可缠绕对方之左小臂、左肘逆时针转，以合劲采拿住对方整个劲路，使其左侧身体乃至全身受我拧转而被控制。控制后，我往前、往后、往上、往下、往左、往右，都可任意发放对方。这时的我不是随对方的劲，而是对方得随我的劲，否则将会伤筋错骨，损伤身体。这叫"牵一点而控制全身""一动无有能动"。

在推手中，当我以右金刚式变左金刚式时的过渡就是白鹤亮翅的左式，此时我的右手可采拿对方的右手，我的左手和左小臂可以控制对方的右小臂、右肘，用我左手和右手的上下合劲控制住对方的重心，使我可以任意发放，也可以伤其手指、肘部等关节。但推手是模拟实战，意识上有，劲得走到，否则练不出真正的采拿劲。练到恰到好处是真功夫，这个分寸是在千锤百炼中获得的，否则重则伤筋断骨，轻则对方感受不到，你也不知到位不到位，所以这时候需要老师指点，需要同道练习的喂劲，使你掌握分寸。运用採拿劲，同道间切磋时要注意，拿到了就说"到了！"对方则把劲粲开，不能再下行，下行则伤人，就丧失了练习的意义了。所以，既要练出心劲，真打实作，又要注意不伤害对方。

第四个架式　单鞭

图2-7为单鞭。

盘架子从上一式的右白鹤亮翅，两手掌之间仍保持一小臂的距离，合住劲一同逆时针划圈，两小臂也逆时针滚动，在脸前共同划立圈。两手划一圈，同时落到两腿根，手指向下，划立圈经过脸前的时候是手指朝上。重心由右实左虚变为左实右虚，这是第一个圈。再变左虚右实，再变左实右虚，第二个圈是右手变勾手，由下从外、从中心线下落，逆时针划一个立圈落下到右腿根。此时，

图2-7　单鞭

左手从下沿身前中线向上、向左逆时针划一个圈，这个圈是第三个圈。同时重心落在左脚，左实右虚成左小弓步，从而完成了单鞭的架子。

到这里，突然想起了我们现在的拳架和以前的赵堡架有一些区别。在整个划圈的过程中中途不停，不会在空间某点上停下来以显示这一式是某某式，而是个划圈过程，圈划完了，就落下来，没架子了，什么也没有了。有人说，你这没架子了，这算什么呀？这就是模拟实战训练得出的结果。你与人实战时，运用动作技能是在过程中，而不是在架子停顿上。这是从实际出发，仁者见仁，智者见智。

在推手中，我是右金刚式，对方是左金刚式。我左手背接其左手背，右小臂再缠绕其左小臂，右手接摸其左肘，同时我右脚前去进到对方左脚内侧没落实，同时，我双手继续合住劲逆时针转。当我左手把对方左手採住后，我的右手同时抱住对方左小臂使其上下立起，肘尖朝上，指尖朝下，我两手同时顺时针拧转，使其小臂被我控制。我左手把对方左手交给我的右手，其劲不松。腾出左手，右脚落实，左脚跟进再落实，右脚再跟进为虚，我左手心搭在对方颈椎上，两手同时向我左侧进步发劲，对方则因我控制了左半身，身体重心又落在右脚，我向左前方发劲，对方无法转换虚实，被我轻松用按劲发出。中间也可能有许多变着，但那要看具体情况而变。发人时，手要轻，要让劲，身才能进。要做到脚要过人，身要欺人，手要让人。发人要轻松自然，干脆利索，不拖泥带水，一气呵成，被发者也不会受伤难受，而是感觉特别的舒服，比自己摔自己还要惬意。

第五个架式　斜行

图2-8为斜行左，图2-9为斜行右。

图2-8　斜行左 　　　　图2-9　斜行右

拳架中接左白鹤亮翅一式。右手逆时针从下往上过脸前向下仍落至右腿侧，手指朝下，同时，右脚随右胯也逆时针划个圈，外形上是右脚后退半步。接

着，左手从下向上过脸前向下顺时针划一个圈，仍落左腿侧，手指朝下，同时，左脚随左胯也划一个顺时针的圈，向左跨一步，重心随势从右脚过渡到左脚。这个动作可以重复，左右各一次。

在推手中，我起手左金刚式，对方为右金刚式，我左脚过对方右脚在其身后落下，右手滚动，手心按击其脸，我左手在下，用左小臂滚动切击其右腿根，同时，我的重心随势向我左脚移动，逼迫对方向我左方摔出。可左右互用，用至纯熟。对方如果想拧转我左臂，我就往左用斜行；如果对方想拧转我右臂，我则向右用斜行。

第六个架式　手挥琵琶

图2-10为上挥琵琶，图2-11为下挥琵琶。

图2-10　上挥琵琶　　　　图2-11　下挥琵琶

拳架中接斜行，两手起手是金刚式。两手相对，顺时针划圈变成右金刚式，重心随转圈先左后右。由右金刚式从右往下再往左，两手心相对合住劲，将两手送出，左手心向上，右手心向下，同时，重心由右脚到左脚。右脚回撤一步，左脚相随，重心落到右脚，同时，两手心顺时针拧转一个喇叭圈，左手圈是喇叭口，右手圈是喇叭后部的圆心，左手勾手，手指朝下落在左膝上方寸许，右手掌心朝上，手指指向左脚尖，成左虚右实的左虚步。

在推手中，一般都是对方左金刚式拧我左金刚式，使我左臂受控。此时我必须逆来顺受，不能抗劲，还得随对方的劲，并且快慢都不行，随他劲，用肩靠击其胸前。他拧我臂，我不躲而是跟进，借力打力，用靠最合适，这叫迎门靠。靠的同时，我的重心继续前去，占其中堂，并用右手掌心击其面部。

第七个架式　摇步

图2-12为摇步上，图2-13为摇步下。

图2-12　摇步上　　　　图2-13　摇步下

拳架中有三个摇步，前两个一样，第三个也叫"三步捶"，但步法、身法一致，叫摇步。拳架中，第一、第二个摇步都上衔接手挥琵琶，第三个是分门桩抱膝后左跷脚蹬跟转身后的摇步，也叫摇步。

在推手中，双方出手都是左金刚式。我接对方右手、右肘，左手在其右上臂弯处向右滚动，右手背也带对方右手背滚动。我身体左侧，向对方怀里合身跟进。突然我撤身，从对方右侧向其身后移动，左脚由中堂突然到其身后右侧，我的右拳按击其左耳根三叉神经处，左脚在下管住其右脚跟，不得退步。身欺拳击，正是摇步身法。破其实，就其虚。他来我走，他走我进，打的是游击战。

第八个架式　上步金刚

图2-14、图2-15为上步金刚。

图2-14　上步金刚①　　　图2-15　上步金刚②

跟起势一样，往前上左脚，右脚跟上，两手从两侧由下向上、向前落于小腹前，左手掌右手拳。其上接摇步，下接退步伏虎的架子。

推手时，双方都是金刚式互接的架式，若一方不按金刚式推手，突然拨我双手想从中门破门而入，此时刻不容缓，我双手立即从其臂外内旋，让劲进其中门，左手掌心推其下颏使其后仰，右拳下砸其胸窝，使其向后仰面跌出。稍微一变，就是金刚上一步而已，所以叫上步金刚。

第九个架式　退步伏虎

图2-16、图2-17为退步伏虎。

图2-16　退步伏虎①　　图2-17　退步伏虎②

拳架中退步伏虎衔接上步金刚。往后退步，两手合抱，由前向上到脸前再翻转向下转一向后的立圈。然后左手过左膝，由外向里顺时针划一个立圈，握拳停于左腿侧，右手过右膝，由外向里逆时针划一个立圈，过头顶又变顺时针下落，划一个立圈落于右腿侧，共三个圈。

在推手中，对方用金刚式迎面破门而入，我则两臂同时由外向里裹缠，并用两手下按压其头后颈项，并即时退步牵其失重前栽，这是其一。对方以左或右金刚式前来威逼，我可或左或右上下肘击，或肩靠胯打，这是有名的太极背折靠。

第十个架式　擒拿、串捶、肘底藏捶

图2-18为擒拿、串捶，图2-19为肘底藏捶。

图2-18　擒拿、串捶　　　　图2-19　肘底藏捶

拳架中三式为一个连贯动作。

推手中，对方是左金刚式，我在其左侧是右金刚式。我左手外旋，牵带对方左臂被擒拿，身形下倾，我可趁势串击其面部，或者我左转身，用右拳圈击其左脸颊三叉神经部位。圈捶是中国武术传统叫法，就是跟拳击的摆拳相似。名三，实一。

第十一个架式　倒捲肱

图2-20为倒捲肱左，图2-21为倒捲肱右。

图2-20　倒捲肱左　　　　图2-21　倒捲肱右

倒捲肱是往后退的步法、身法、手法练习。它把身体分成左右两个部分，当左侧为实时，右侧往后划圈退行，右半个身体都在划圈。当右脚后行落地时，身体随之后靠移动，重心逐渐从左脚过渡到右脚。一旦右脚落实，左脚随之为虚，身体左侧从上到下往后倒行，背部慢慢后靠，上下肢都在由后向前划圈。左右均同。

在推手中，搭手是左金刚式。对方出左手摸我右肘，此时双方右手背相搭，我左手从对方右肘处移到我的右肘弯来接对方的左手，同时我的右臂向里裹缠对方的左臂，左手背黏住对方，向我左侧滚动，同时，我的左脚随后转之势，垫到对方左脚外侧。此时对方身形偏左，我趁此时机，用右腿迅速绷击对方的左腿，使其往他的右侧失重跌出，这是右倒捲肱。左倒捲肱一样，在推手中比右倒捲肱略微费点事，原因是推手左金刚式的左脚在对方右脚外侧，如像用右倒捲肱，那样我的左脚必须从对方的右脚上越过并插入其裆部，才能使用绷劲。同时，上肢右手牵引对方右手往我右侧运行，我的左手控制住对方的右肘，上肢控制好，我左脚迅速越过对方右脚进裆，突然绷出，使对方向我右侧失重倒地跌出。

第十二个架式　合手白鹤亮翅

图2-22至图2-25为合手左右白鹤亮翅。

图2-22　左白鹤亮翅①　　图2-23　左白鹤亮翅②

图2-24　右白鹤亮翅①　　　图2-25　右白鹤亮翅②

在拳架中，为了和懒插衣之后的白鹤亮翅区别开来，在斜金刚之后和两个倒捲肱之后的白鹤亮翅，我称此处的白鹤亮翅为"合手白鹤亮翅"，同样分左右。这个合手左右白鹤亮翅可不简单，在拳架中用处很大，平时要着重练习左顾右盼之步法。

在推手中，不管左右金刚式一搭手，都可以迅速依靠步法移动，从对方的左右侧门绕进，控制其重心，并可在其身后用手掌拍击和肘击其后脑或后背，当其失重前栽时亦可膝击其面部和胸腹部等致命处。

第十三个架式　闪通背（海底针）

图2-26为闪通背左式，图2-27为闪通背右式。

图2-26　闪通背左式　　　图2-27　闪通背右式

拳架中衔接斜行和白鹤亮翅。

推手中，我出手为左金刚式，对方为右金刚式。我右手接对方右手搭手，我右转身，把对方的右手採住，将其右臂牵引带直，再用左手端其右肘关节之上一点，使对方右臂被我别直，可直接推送出去，也可顺势放在我的左肩上，向下压别，对方完全被我控制住。这也是拿法的一种。在太极拳中，控制中节的，一般称为"挒"劲，左右着法可互用。

第十四个架式　云手

图2-28为右云手，图2-29为左云手。

图2-28　右云手　　　　图2-29　左云手

云手在拳架中上接单鞭，下接左高探马、童子拜佛和十字单摆脚。云手的步法和斜行的步法都属于中定步法，主要是原地倒换重心。云手是由中往外划圈，划圈的同时，随手上划圈影响，重心虚实随之变化。斜行是由外向中划圈，脚下随着倒换虚实变化重心。

在推手中，对方突然脱离金刚式推手方式，用任意一只手下插我腋下，想摔我。此时，是我运用云手的最好时机。他只要下插手臂，我就迅速用臂弯挑对方伸出手臂之中节，使其肘部疼痛欲裂。练久了，还能跟着对方的劲而使别劲。这个劲的使用在太极拳术语中为"捌劲"。

第十五个架式　左右高探马

图2-30为左高探马，图2-31为右高探马。

图2-30　左高探马　　　　　图2-31　右高探马

　　高探马在拳架中有两个，一个左式，一个右式。上接云手，再接插足。云手后，就是左高探马。高探马是象形性着法，很像人的双手抓马鬃，脚踏马镫，另一脚有飞身上马之意。

　　在推手中，我如用左高探马，那就是我和对方的搭手都是左金刚式。我左手切对方左手并里旋，拿紧对方手腕，右手扣紧对方左肘弯处，形成对方左小臂和我身体中轴平行状态，在使对方感受到被采拿的同时，又被向前赶着重心偏离其中轴，向我左侧方头朝下、脚朝上地扣栽下去。这个动作打好了，也是非常漂亮的。但训练时对方得训练有素，会保护自己，否则很容易使头部、颈椎、肩部、手部等处骨折受伤。使用时，既要练出这种着法之能力，又要打倒为止，注意不要受伤。训练时，左右式可互用。

第十六个架式　　左右插足

图2-32为右插足，图2-33为左插足。

图2-32　右插足 　　　　图2-33　左插足

左右插足，在拳架里衔接在左右高探马之后。动作很简单，两手轻轻抓握，划圈下蹲，然后随划圈站起，一腿支撑体重，一腿屈膝然后向前弹击，就是一般武术中的弹腿。

在推手运用中，我为左金刚式、对方也为左金刚式搭手摸肘，双手转圈控制对方头部或手肘或肘肩部位，往下转圈是下按其头部，我起膝刚好顶击对方之裆部，或趁其下俯顶击其面部。这是模拟练习，主要是意识训练，控制在顶上了，但没有顶实在，就练习这个动作的意识，实践时，只要意念一加重即可。

如果没有这个模拟的练习，就不可能有实际下意识的反应。习者要体悟，才能找出感觉。但注意不要伤害对方，注意保护对方，以不使其受伤害为原则。练习时，在老师指导下，左右互换练习，逐渐进入到真实实战的意境中。

第十七个架式　　回身踡脚蹬跟

图2-34为左踡脚蹬跟，图2-35为右踡脚蹬跟。

图2-34　左踡脚蹬跟　　　图2-35　右踡脚蹬跟

踡脚蹬跟在拳架中有几处，一是左插足之后回身左脚踡脚蹬跟；二是分门桩抱膝蹬跟；三是分门桩之后的两个踡脚蹬跟。这也是一般武术中的踹蹬动作。在推手中，搭手金刚式。如果对方脱离了这种推手方法，而是分我上肢破门进我中路，我则在破门瞬间，双手端起肘尖，或我双手迎面一上一下，护卫我的头部和胸腹部位，脚下则蹬击对方裆部，也叫穿裆脚。或者起膝护身，蹬击对方腹、裆中部。这些动作，也是在推手中的模拟实战用法，只能加强攻击防护的意识，动作做出，但又不能落到实处，仍是以练习意识为主。

第十八个架式　掩手捶

图2-36为左掩手捶，图2-37为右掩手捶。

图2-36　左掩手捶　　　　图2-37　右掩手捶

拳架中，掩手捶之前是分马掌，接着是掩手捶，左右两个仆步，可左右出捶，同时又可以左右用肘、用肩靠。所以，掩手捶接下来是七寸肘、七寸靠。

在推手中，双方搭手金刚式，我之左腿过对方右腿，左肘、左肩可靠击对方胸胁，右手一定要牵引其右臂，封住其左手使之过不来，仆下身捶击、肘顶、肩靠之。反过来可以进行右侧练习。

第十九个架式　抱头推山

图2-38为左七寸肘，图2-39为右七寸肘。

图2-38　左七寸肘　　　　图2-39　右七寸肘

拳架中，左右七寸肘、七寸靠之后，为抱头推山。实际上和白鹤亮翅走的圈一样，不过是从仆步仆下地再起身，幅度大点儿而已。

推手中，金刚式搭手，用白鹤亮翅的方法即可。

第二十个架式　野马分鬃

图2-40为右野马分鬃，图2-41为左野马分鬃。

图2-40　右野马分鬃　　　图2-41　左野马分鬃

拳架中，在单鞭之后，由回身勒马式开始，往前走野马分鬃。野马分鬃是赵堡拳系中非常重要的一个动作，当然也是太极拳道的重要动作之一。重要之处在于它是向前运行的步法和身法，身体以中轴为界，分开两侧转立圈。边划着立圈边向前行走，其运动轨迹就变成双螺旋式向前延伸。当然这是大致说法，在不同的阶段，对步法、身法的练习都有不同的要求，目的是提高身体不同部位松柔变化的能力。

　　在推手中，双方搭手金刚式。如都是左金刚式时，我以右手背牵引对方右手背，使之向我前下有下栽之意。我的左手从摸对方右肘的肘弯上部，顺势向其面部、下颏、咽喉、前胸等处下按发劲，同时我的脚下先进右脚，继而进左脚，占其中路，发放对方。左右相同。

第二十一个架式
玉女穿梭

图2-42至图2-44为玉女穿梭。

拳架中，野马分鬃紧接着就是玉女穿梭。野马分鬃向前行走到右手、右脚在前时，右脚尖外摆落地，左脚尖内扣落地后，右脚后扫180°。同时，右手在前，左手在后，前后手心相对，约一小臂距离，如抱球状，顺时针随步法、身法旋转180°。

在推手中，搭手金刚式。当对方採拧我小臂时，我则在顺其採劲缓冲其力的时候，身法旋转180°，趁势另一手（右）掌推击其下颏，以解拧臂之劲，同时也可变

图2-42　玉女穿梭①

图2-43　玉女穿梭②

图2-44　玉女穿梭③

发劲，发放对方，或以实战的意识掐其咽喉。

第二十二个架式
童子拜佛

图2-45至图2-47为童子拜佛。

拳架中，童子拜佛上接云手，云手合掌并步成童子拜佛。接着，起右膝或左膝，两手从两侧下落握拳，随膝上顶而双峰贯耳。

在推手中，搭手金刚式。若对方脱离金刚式方式，我则合掌以护己之正门，并可上穿按击其面，下可起膝加以配合，击其裆部，也可变着双峰贯耳等。这都属于在对方突然不按正常金刚式推手时的备着。

图2-45　童子拜佛①

图2-46　童子拜佛②

图2-47　童子拜佛③

第二十三个架式　左右金鸡独立

图2-48为左金鸡独立，图2-49为右金鸡独立。

图2-48　左金鸡独立　　　图2-49　右金鸡独立

拳架中，左右金鸡独立上衔接跌叉、二郎担山，下接双跌脚之后倒捲肱。

在推手中，左右金鸡独立都是一手上推击对方下颏，提膝顶击对方裆部的变着。

正常推手都是金刚式转圈，运用着法，用金鸡独立、跌叉和双跌脚，其实这都是双震脚的意思，这也是在实用中的变着之举，有下踩对方的脚面之意。

第二十四个架式　左右十字单摆脚

图2-50为右十字单摆脚，图2-51为左十字单摆脚。

图2-50　右十字单摆脚　　　图2-51　左十字单摆脚

拳架中，十字单摆脚比原赵堡架多了一个摆脚，主要是练习左右对称之意。不可小觑十字单摆脚。它实际上和左右高探马的劲路很相似，不过左右的探马是一边一边的运用着法，而十字单摆脚的十字手则是左右互换，前后颠倒，可以立即互换方向，使对方不知你的着法孰正孰反。这就是三丰祖师讲的阴阳颠倒颠，可以随时改变用力方向，使对方不易跟劲，突然变换，对方大脑会突然空白，不知所措。

这在推手中非常有效，双方搭手是金刚式，当我用左高探马时，突然变换成右高探马，也就是十字手的互换劲，对方往往不知如何应对，我则轻松地将对方打跌。在实际运用当中，要练到得心应手，对手一般没有任何反应。

第二十五个架式　吊打指裆捶

图2-52为吊打指裆捶。

拳架中，吊打指裆捶与十字手相接，下与金刚式相接。

在推手中，吊打指裆捶的关键在"吊"字。双方金刚式搭手，手背相接把对方上吊引偏，我摸肘之手变拳，顺其肘尖下击其裆。另外，上吊之手也可变下按之势，我摸肘之手变拳，顺其肘弯上直击其面，并可变发手发放对方。

图2-52　吊打指裆捶

第二十六个架式　左右砸七星

图2-53为右砸七星，图2-54为左砸七星。

图2-53　右砸七星　　　图2-54　左砸七星

在拳架中，左接单鞭，右接懒插衣。

在推手中，金刚式搭手，下带对方之手，引直对方手臂，另一手搬拦其肘关节之上，实施捌劲，擒拿扤其手臂使其受制，左右相同。

第二十七个架式　左右回头看画

图2-55为右回头看画，图2-56为左回头看画。

图2-55　右回头看画　　图2-56　左回头看画

拳架中，上接砸七星起来之后，有两个上勾拳和两个顶膝，是推手中的捶击之法。

推手中，双方搭手金刚式，一手变拳引带对方，另一手变拳，转身进步勾击其腹，并手脚并用，起膝顶击对方裆部。左右可互换练习。

第二十八个架式　跨虎

图2-57为跨虎。

拳架中，上接左砸七星擒拿之后，向自身右后起腿右旋勾击，状如跨虎。这个勾击，也叫勾镰腿法，主要是勾击对方的腿弯处，如镰刀割草之劲。可左右互练，也可单式练习。一般人不太注意，实际在推手中运用很是方便。

推手时，接手引对方进身，同时我勾击其腿弯，轻而易举地使对方腿软失重成前栽之势，我则顺势捋带向下发泄劲。

图2-57　跨虎

第二十九个架式　左右双摆脚

图2-58为右双摆脚，图2-59为左双摆脚。

图2-58　右双摆脚　　　　图2-59　左双摆脚

拳架中，借跨虎之势，双摆其右脚，又借回摆之势，双摆另外的左脚。对于双摆脚，我看主要是练腿筋骨之拉伸，在推手实用中用处不大。就是在实战中，也是后扫腿的一种，但运动路线太长，容易暴露用意企图，往往空耗其力，劳而无功。如果起腿隐蔽，速度敏捷，则另当别论。

第三十个架式　弯弓射虎

图2-60为弯弓射虎。

105

图2-60　弯弓射虎

拳架中，双摆脚以后，就是弯弓射虎。弯弓射虎实际上就是握住拳头的金刚式，其作用相同。

太极拳道七十五个姿势动作，归结为三十个架式，避免重复。这里提供给大家练习之用。其实在熟练之后变化无穷，何止三十个架式。关键就是一个"金刚式"。拳架练知己功夫，推手练知人功夫，拳架练能力技术，推手练意识运用。这其中，意识心性练习最为重要。练拳练什么？就是心神意气功。从有心练至无心，从有神练至无神，从有意练至无意，从有气练至无气，从有功练至无功。从无到有，从有到无。无中生有，有在无中。无有相生，生生不已，永无止息。大道至简，返璞归真。简而化之，繁而杂之，复归无有，只当作强身健体、延年益寿、陶冶性情、生命依附、生活乐趣而已。

第三章

太极拳道推手能力的修炼

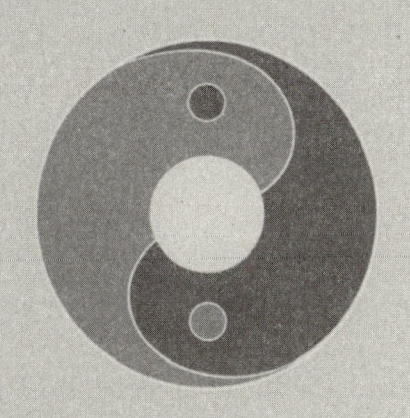

太极拳道推手能力的修炼，也是太极拳道综合素质的修炼。首先，我们要明确一个目标。目标明确，才能确定我们努力的方向。方向清楚，往这个方向行走才能达到目标。行走的过程，就是我们修炼修行的过程，边往前行，边往前修炼。

　　太极拳道的推手训练，是一种徒手格斗的模拟训练。模拟就是一种想象中的状态，是在格斗中需要达到的个人的各种综合素质的训练。

第一节　意识训练

　　意识训练非常重要，其实打拳推手，就是意识与形体的训练在形体上要达到的某种能力。首先，意识有这方面的愿望，意识有强大的心理作用、精神作用，它可以调整你修炼的方向。如按阴阳来说，形体练习能看得见摸得着，咱们设定它为阳，是显化的。而意识练习则是看不见摸不着的，是凭灵感、凭体悟、凭思想、凭境界等形成你的意识，它是隐形的，为阴。"梦想成真"就是一种意识。

先有这个"梦想",再努力去为实现这个梦想所做的过程,就是对形体的修炼,是要求身体的能力要达到的目标。

所以我经常讲,打太极拳就是形体训练,从有意识的打到无意识的形成,然后到潜意识积累,逐渐练到一遇到相应情况,身体会自动出现下意识的相应反应。打拳盘架主要是形体训练,推手就是意识训练。打拳盘架中既有形体训练,又有具体的意识指导,去追求具体动作是否细化到位。推手过程虽然主要是意识训练,但它又贯穿着对形体的要求。形体与意识孰是孰非,分不开砸不烂,只能笼统地说大概是那个意思就行了。

一、"生死观"的修炼

一般情况下多为模拟格斗,如果在战争状态下,必须凸显正确的生死观。为国家、为民族、为大义而生死,生的伟大,死的光荣。生就生,死就死,置生死于不顾。这是心理意识精神修炼最关键的一点。毕竟推手是实战模拟修炼,平时推手很难进入到生死关头,可是我们必须要强调这一点,很重要。要把真打实斗的能力精神练出来,又要放下来,也很重要。拿得起，放得下，才能成功。

二、"荣辱观"的修炼

生死观过后，就会遇到"荣辱观"。担心荣誉的丢失，这是面子的事，中国人最讲面子。在推手训练中，就要突破这道关口，不计胜负，不计输赢，只考虑身心的能力发挥出来了没有。当然，完全不在乎输赢也不行，那样会让人没有动力。"不想当将军的士兵不是好士兵"，这就是荣誉的动力。但要知道，毕竟能当上将军的士兵很少，因为要受到各种条件的约束。但我想当将军，也具备了当将军的一定的素质，由于各种原因没当上，也不要气馁，我可以干别的，一样是个好兵。作为对手，不要想那么多，就是好好地修炼，准行，修炼到一定状态，就会自动突破。

三、"名利观"的修炼

名利二字，是把双刃剑，它们是紧密相联系的。在过去的年代里，接受到的教育就是淡泊名利，一说名利就是贬义词，不图名不图利，只讲奉献，也感觉挺好。做好自己的本职工作就可以毫无怨言，无怨无悔。市场经济以后，"名利"的意义也在发生变化。

"名牌效应""名人效应",创名牌成为时尚,有名之后就会有利,也可以通过利而有名。经商有钱了,你可以做善事,行善举,办慈善事业,为老百姓多做好事,这样把个人之利变成大家之利,你也会因利而有名。我们应是为公、为民而有名有利,不要因私而有名有利,这才是大义、大名、大利,这就是大道,道公而弗私。

四、"生存观"的修炼

生存是大事,人一生当然需要平安幸福。首先要解决生存问题。现在基本生存不存在问题,已经进入到小康状态,你就可以把你的精力投入到你喜欢的事情上来,你将其称为事业也可以。生存的方式很多,你修炼教拳可以生存,干别的事也可以生存。把打拳推手当作娱乐,也是非常好的。作为养生也好,作为文化现象研究也可,作为艺术研究也可以。把握了生存之道,没有后顾之忧,你才能安心修炼。所以时代发展了,凭借有武功独步天下而获取生存的时代渐渐远去,时代越来越科学化,生存能力越来越科技化。武术文化或太极拳文化,都变成了一个时代的文化现象而存在着。这没有什么可悲的,这就是历史。历史的推进,就是推陈出新，一代更比一代强。

五、"意志观"的修炼

一个人无论干什么事情，主要是修炼人的品质德行，品质好，一定是德行高。品质，有先天的，有后天的，先天是遗传，改变难度较大，后天的可塑性、重组性还是可以的，就看你自己的追求，想不想当一个品质高尚的人了。品质高尚，其中非常重要的一个品质就是"坚强的意志力"，"一意笃行"、勇往直前的奋斗力，心态的忍耐，身体的坚韧，对干成一件事非常重要。无论打拳、推手，都非常需要"顽强的意志力"，没有顽强拼搏的意志力，什么事都不可能成功。没有意志力的人，一定心态狭隘，只会怨天尤人，心态灰暗，萎靡不振，精神颓废，一事无成。

六、"能力观"的修炼

打拳、推手的能力，是在打拳、推手的过程中修炼得来的。关键是学习，要干什么爱什么，爱什么学什么，在学习中总结经验教训，在经验教训中不断提高自己的能力。打拳和推手，不单单是实际的练习，更重要的是读书学习，思考揣摩，开拓思想，开阔眼界，广征博引，理论提高，思想的理顺，观念的改变，创新思维模式，逆向思维模式，各种现代科学的文化知识吸收。读古人的书，要把自己放到那个历史时代里边去学，又要用现代的科学观审视它，才能继承，才能发展，否则就是一般化。其次才是打拳、推手的一般实际能力的修炼。我们对前人的东西，要反复地研究，深入地练习，得其精华，去其糟粕，推陈出新，继承发展。继承是在前人的脚下步其后尘；发展是站在前人的肩膀上创新，与时俱进。

第二节　形体训练

　　形体训练，就是按照推手的要求训练。为达到一定的目标而对身体各个方面的训练。这种训练经常是综合性训练，在一种模式训练中，会达到多方面的效果。

一、松与紧的训练

　　松，就是身体的骨架支撑体重，让五脏六腑、肌肉筋腱等软组织自动放松，悬挂在骨架上，更重要的是心态的放松。这个时候机体不做功，就会身心松下来。这个"松"包含了站桩、坐功、卧功等，一切身体姿势，只要有静下来不运动的时候，你就可以有意识地体验这种放松的状态或境界。如果你经常关注你自己的身体，长期有这种放松的心意，你的身心就会发生极大的变化，最后会有脱胎换骨的感觉。松就是在静止状态下，骨架支撑了自己的体重，来克服地球引力对你的重力的作用。因为你身体的肌肉筋腱没有主动做功，在完全的放松下，重力拉动你的肌肉筋腱，浑身软组织在做功，是一种自然的做功，加强了你的气血的循环，补充了身体的能量。又由于骨架的支撑体重，骨骼会自行强健，骨密度会大量增强，以增加支撑的力度。所以静止的各种桩功，都会增加你的骨质密度，打拳人说的你有骨力，从气质上说你有骨气，就是这个意思。这样软组织是松了，骨骼硬件就更强了，更刚性化了。

紧，就是在放松的状态下，肌肉筋腱会被重力自然拉长，拉长就会变紧，越松沉也就会越拉紧，越发迫使你改变体态，骨骼要承受肌肉筋腱的拉力，就必须要和地面保持垂直位置。在长久坚持下练功，人体骨骼内部就会发生强硬的变化，骨质密度增加，骨力随之增加。骨骼克服肌肉筋腱的松的拉力，骨力增加是一种紧。肌肉筋腱被放松、拉长也产生紧。我们在练"松"的时候，是在不断克服身体被重力拉紧的状态。这个"紧"，是松的"因"；这个"松"，又是紧的"果"。松紧、紧松，互为因果，越松越紧，越紧越松。所以太极拳道的特有的放松练习，就是紧的练习。练松就是紧，松是拉长，紧还是拉长，拉长松了，松到头了，再拉长就又紧了，就在这种矛盾中不断扩大自身的松紧度，扩大了自身的控制范围。在练习的过程中，稍微改变一点身体姿势，都会改变身体的局部的松紧度。站桩中，经常细微地改变一点身体姿势，逐渐扩大姿势的范围，松紧度就会扩大很多。为什么通过站桩，人的力量增加了，就是这个原因。不懂这个道理，就会站成死桩，站成一身死力气，缺少变化的能力。

二、柔与刚的训练

柔与刚是建立在松与紧的基础之上的。松紧是在练习静功状态下感受最为明显的，而柔与刚是在动功状态下保持静功的状态，使它不断产生在不同位置的变化，以求最大的松和紧。松到尽头是紧，紧到尽头再松，松紧互应，就会产生柔。

太极拳道的盘架练习，以求柔与刚的产生，而且产生极大的柔与刚，以此获得拳术中的力度。我经常用"划圈走圆"来说太极拳道的盘架子。身体以中轴分开，形成两侧四肢，上下划立圈，脚下的步法带动身体和地面垂直走平圆。这个立圈平圆，组成千姿百态的身体形态，以满足在推手以及格斗中对身体能力的需求。盘架就是为了格斗。推手是格斗的模拟，格斗是推手的目的。由于"划圈走圆"是一种螺旋式的浑圆运动，是球形运动轨迹，让我们的身体把柔练到极致，刚也练到极致。柔就是在打拳和推手时全身放松，只要有能带动身体做圆球运动的一丝一缕的肌肉筋腱做功就行，做功的肌肉筋腱就会紧，其他没做功的肌肉筋腱在放松，在休息。由于"划圈走圆"的身体圆球运动，肌肉筋腱进行着轮番的做功与休息，做功的肌肉筋腱做到最大的松与紧，不做功的肌肉筋腱，做到最大限度的松，也会做到最大限度的紧，这样把松转化为柔，把紧转化为刚。柔到尽头，肌肉筋腱拉长放松，有弹性，回弹速度加快，尤其是瞬间速度加快。瞬间速度加快，就是爆发力。这快速的瞬间爆发力，既通畅又顺达，它具备了很强的穿透力，这才是我们拳道所需要的"刚"，真正的刚。这个柔与刚是活性的，它具备了各种能力，都包含在这个柔与刚的里面。常年练习太极拳道的拳架，你会不断有新的发现，骨骼变硬，手脚灵敏，身体协调，速度变快，身体变大变小，走路轻飘如御风而行，腾云驾雾飘飘然，看景如画，周围的一切，虽动犹静，时空俱眠，不知我是蝴蝶，抑或蝴蝶是我，你会感到有许多不可思议、无比奇妙的东西，在你的身体里悄然地发生了变化，使你真正感受到什么叫脱胎换骨，重新做人，浴火重生，凤凰涅槃。美哉！妙哉！

三、功力的训练

功力包括想象力、意念力、精神力、肌筋力、气血力、骨骼力、皮毛力、感知力、变化力、传递力。

1. 想象力

想象力是产生灵感、产生悟性的源泉。一个人有了丰富的想象力，再投以时间努力实现，就会产生极大的成功。想象力是打拳推手、拳道训练不可缺少的重要一环。几十年的实践过来，使我受益匪浅，帮我解决了若干个拳道上的难题。同时，在学习、工作、生活以及在一切的一切事物中，想象力不可缺少。想象力就是创造能力，就是创新力，在拳道的修炼中，是须臾不可分离的重要修炼能力。通过丰富的想象，小到你可很快地理解拳道修炼的要领、步骤、方法、诀要，大到你可达到智慧的飞跃，大彻大悟，通天彻地，通灵一切事物之间的联系。我对拳道的理解，尤其是拳外之功的多种领悟和创造相应的训练方法，都来源于想象力。想象力的表现是身体好，情绪好，乐观向上，勇于进取，永无满足。想象力是人生的动力，思维的源泉。

2. 意念力

意念力不单是一种意想或念想，据有关报道，它也是一种物质能量，而且是一种非常强的能量。我也有切身的体会，在打拳推手、修炼拳道的过程中，通过意念调整，身体会发生相应的变化。在静功练习中，我们用意念调动身体内部的经络内的气的流动，就有非常明显的作用。在做小周天时，让其顺任督二脉间循环，任脉沿身前中线下行，督脉沿身后脊椎上行，前边用意念导引下行，就会有热流气体随意念下流，后边上行，会有明显的热流气体向上冲动，尤其过命门，过夹脊，过玉枕，都有很强、很明显的气流冲动过关的感受。意念力非常奇妙，妙不可言，只要你去深入地研究和练习了，就一定会认为它是世间一种非常奇妙的力量。它可以从手指、脚趾，从身体不同的部位发出能量，并和外界物体产生感应。学者不妨好好练习，看我说得真实不？

3. 精神力

精神与物质，是作用力与反作用力。强大的精神力量，可以克服治愈疑难杂症。精神力也可以摧毁一个人的一切。精神力，也是一种强大的力量，可以帮助人们克服一切困难，战胜艰难困苦，可忍受肉体的一切痛苦。尤其在拳道的格斗中，胆力、勇力、耐力等，统统都是精神力的支配。人是要有点精神的，精神的力量可以给你带来幸福，带来快乐。精神力，也表现了你的精气神。精气神足，说明身体好，身心越健康，越说明你精气神足。精气神足，你的精神力越大、越强、越足。精神力就是一种大无畏的正能量，积极向上、乐观豁达的精神力，会帮助你获得成功。

4. 肌筋力

也叫肌腱力，是肌肉筋腱力的简称。从人体解剖学我们可以得知，骨骼与骨骼间的联系由关节组成，筋腱一般包裹着关节。也就是说，两关节间的一段骨骼（比如人之四肢），靠近骨端关节的越近，筋腱越强。其次在骨骼中间的是肌肉，肌肉和筋腱相连，筋腱强健有力，肌肉收缩功能强大，力量就会强大。肌肉又是肌纤维组成的，血液、神经等微观部分都在其中，血液补充能量，神经指挥、支配它运动。打太极拳，用肌肉筋腱的收缩力较少，而是用它的伸展力较多。放松伸展，伸展了就紧，由伸展紧到伸展松，是拉长肌纤维的过程。肌纤维在反复缠绕拉长的运动过程中，就是肌肉纤维和筋腱在做纵向的伸展松和伸展紧的练习，而且是一条一条、一缕一缕、一丝一丝的肌肉纤维练习，在做非常细致的练习。因为四肢躯干是放松划圈走圆，肌肉纤维就被拉长伸展变紧，再拉长伸展变松，使其弹性大大增加，而且是逐一的，每条肌肉纤维都是这么练习的。每条肌肉纤维都极度地放松拉长，极度地拉长变紧，又由紧逐渐变松。肌肉纤维就围绕骨骼做这样纵向的划圈缠绕，拉长和增加了肌肉的纵向长度和弹性，也就提高了肌肉做功的速度。弹性足，速度大，爆发力就大。又由于一条一条细致的练习，使每条肌肉纤维都达到最大化的松紧练习，它的柔韧性极大提高，肌纤维的密度极大地提高，一旦需要，它就会产生超常的力量，使功力大大增加。而且练到一定程度，肌纤维极大地伸展变长，就会和骨骼接触面之间产生间隙，使肌纤维有和骨骼松动脱离的感觉，既伏贴又游离在骨骼周围。太极拳功力深厚的人，其肌肉筋腱就会有"骨肉分离"的感觉，外表看着很松，一旦运用起来，真是绵里裹铁。一般的肌肉健身锻炼的方式，与太极拳这种练习正相反。这种健身式的肌肉练习，使肌肉筋腱产生横向撑开运动，搞得肌肉筋腱越练越紧，越练越硬，最后会紧紧地贴在骨骼之上，看着肌肉块儿挺大，浑身腱子肉，有点笨力，但是，是死力、不活，不能变化，不适用太极拳实际运用的需要。

5. 气血力

气血是人体维持生命活动的能量。肌肉筋腱除了有肌纤维以外，其中还有神经末梢和毛细血管，共同组成了肌肉筋腱系统。肌肉筋腱的做功运动是依靠神经系统的指挥和气血能量供应才能实现的。它做的功，就是力的表现，气血越充足，能量越充足，肌纤维做功产生的力也越大，并接受神经系统的指挥，才能完成气血能量的供应和指挥，肌肉筋腱才能充分发挥作用。

通过我们打拳，放松肌肉筋腱的纤维，使毛细血管通过气血运行的阻力减小，以保证足够的气血能量供应，又能保证神经末梢的指挥畅通、快速，肌肉筋腱做功才更加强健有力。越长久的放松练习，肌肉筋腱的气血供应得越充分，肌肉筋腱产生的力越大，神经系统传递指令越灵敏，速度越快。气血力，实际上是能量供应与指令供应的能力。肌肉筋腱越放松练习，毛细血管越通畅，神经系统传递指令速度越快，肌肉筋腱弹性越足，反应的功力越大，这就是气血力。

6. 骨骼力

骨骼力主要反映在两个方面。一是，骨骼作为杠杆，在神经系统的指挥控制下，肌肉筋腱的拉长伸展、缩短收紧、旋转变化中所产生的力，为杠杆力。二是，骨骼又作为身体的支架，支撑着身体产生的力，我们叫支撑力。就是身体的五脏六腑、肌肉筋腱都悬挂在骨骼上不做功，主要依靠骨骼克服地球引力，支撑身体。身体越放松、放柔，受重力影响越大，骨骼的支撑力越大。我们通过科学地打太极拳和推手，就能提高我们骨骼的杠杆力和支撑力的力度，从而使骨骼力增加。骨骼力越增加，骨骼密度越增加，杠杆力和支撑力也越增加，相辅相成，形成良性循环，日久功深，骨骼力就会大大增加。平时打拳盘架，用时推手格斗，看不出有力，但力还很大，而且是一种活力，即内力。内力，用则无坚不摧，不用则销声匿迹，这就是拳论说的，极柔软极坚刚。骨骼力越大、越坚硬，在格斗中你的攻击力就越强，充分显示出太极拳作为内家拳的绵中裹铁、外柔内刚的特色。注意观察，打太极拳年久的人，骨骼都相对比一般人强硬坚实，而且相碰之下，觉得疼入骨髓。如果运用到搏击格斗中，就会威力大增。再加上意念力的训练，就更具备特殊的攻击力（如穿透力、渗透力等），着人身上，疼痛难忍。

7. 皮毛力

皮毛力，是使皮肤表层和毛发都能产生一种颤抖的力。如我们在农村劳动时看到，骡、马、驴在干了一天活之后，解了套让其在饲养室外的场地上卧倒打个滚儿，然后起来浑身皮毛一抖，就把身上的灰土抖干净了。皮毛力，就是指这种皮毛颤抖出来的力。大部分动物，都有这种天生的颤抖力，而人的这种能力却退化了。在天冷时，解小便有时身体会出现突然的冷热突变，发生颤抖，俗话叫"一激灵"，皮肤会起鸡皮疙瘩，这就是"皮毛力"。赵堡拳有"忽雷架""忽灵架""圪捌架"之说，据传说就是指专门练习"皮毛力"的架子。接触人后，"一激灵"，皮肤毛孔抖出的这种"皮毛力"，威力非常大。

8. 感知力

就是人对外界并没有直接接触，但有时会有感应，会有感觉，这种感应或感觉就是感知力。当我们沉心静气地写作或思考问题时，有人悄悄地接近你的身体，虽没挨着，但你会有感应，有感觉，这就是"感知力"。感知力强的人，灵敏度会高一些，距离远点儿也能感应到，也有的人没有感应，突然出现一个人，会吓一大跳。感知力，是听觉、视觉、嗅觉、味觉、触觉之外的一种知觉，也有称为直觉的。在这里我们称它为感知力，也就是对外界的感应能力，是一种场效应，气场、磁场、电场、生物场都有可能。通过打拳和推手，可以培养这种感知力。

具有感知力，这也是我的亲身体会，与人不接触，在一定的距离内有感应，甚至对树木以及其他物体我用手指对着它也有感觉，甚至脚趾以及身体其他部位都有感觉。这种感知力，在我们的盘架中可以获得。在推手中，通过实验、摸索，可以提高。

9. 变化力

太极拳的练习产生的力，都应具备能变化的力，称为活力、变化力。它像水、像气，可以随形就影，随外形变化而变化。这种变化力，是我们永远追求的能力，就是适应一切变化的能力，"因敌变化显神奇"。不随便的变，而是适应性的变。可有可无，无形无象，思想上要想着变，身体上练就的又能变，能与外界各种因素产生谐振的变，这就是变化力，是通灵的变化力。变化力相当"懂劲"，但比"懂劲"要高出很多，因为它不局限在推手范围，而是在大千世界通着大道的变化力。听着很玄，其实不玄，"玄之又玄，众妙法门"。当你修炼到了，也就知道了。

10. 传递力

传递力非常重要。三丰祖师说："一举动周身俱要轻灵，尤须贯穿，勿有断续处，勿有凹凸处。"就是指的身体内部的气、劲、力的传递现象。实际上是一种能量通过各处关关节节，在身体内部可以把这种气、劲、力传递到任何部位，也可以在推手中把这种气、劲、力传递到对方身体的各个部位。传递力可快可慢，当你想击打对方，也就是脱手打击对方时，就需要提高传递力的速度，速度快，爆发力强，产生的是刚性结果。这主要在散手和进入实战状态下迅速击打敌人时，需要摧毁对方，致对方于伤残、死亡状态下的快速传递力，变成爆发力。所谓的"寸劲、分劲、丝劲、毫劲"，穿透力很强，容易伤害人，可达到"一击必杀""致人于死地"的实战效果。但如果在实战模拟推手中，则不需要这种爆发力，否则容易伤人，毕竟是训练。这时就是延长传递力的时间，使传递力的速度慢下来，这就变成了"柔力"，变成柔性的结果。把这个力不断劲地源源不断地作用到对方身上，使对方感受到被我控制，但又不伤及对方。持续作用对方身上的慢性传递力，或称"持续力"。在推手中既能自身传递，又能传递给对方，这就是"神明"境界的开始。打拳能一气周流，连绵不断，推手能提前知道对方，谓之知己知彼。虽随人而动，然而是由己不由人，"人不知我，我独知人"，乃能百战不殆。力的传递，"我知人不知"。有力也无力，无力也有力。感觉有力又没感觉有力，有力无力，无可分辨。似有非有，虚无飘渺。奥妙无比，鬼域神乡。仍是很玄，"玄之又玄，众妙法门"。一切有从无中来，一切有回到无中去。无中生有，有中生无，无有相生，有无相应。大无外，小无内，万物一体；生于斯，灭于斯，变化于斯。太极拳道，道法自然。自然而然，通天彻地。勤修苦炼，见道不远。损之又损，克己归道。大道至简，呜呼哀哉！

第三节　再论太极拳道推手意识修炼

一、听劲意识

听劲是太极拳推手中的专业用语。在推手中，通过听劲意识的修炼，以感知对方劲的来龙去脉，从而得知其重心虚实的变化。听劲的能力主要在拳架中修炼，指的是形体修炼，也不妨有听的意识成分。听劲的意识修炼，主要在推手当中修炼。听劲意识修炼，通过"六大知觉"功能修炼才能不断提高。六大知觉是：耳的听觉，眼的视觉，鼻的嗅觉，口的味觉，身的触觉，还有直觉、超直觉。

直觉和超直觉，我认为是人体生物电的场效应。有一次与一个弟子聊天，他是我国航天部门研究火箭的专家，是科学家。他说现在生物电的产生在人的大脑某个区域，已经被美国某些科学家的实验所证实，已是科学界认可的事实。我认为这个生物电的场效应，就是我们说的直觉或超直觉。

六大知觉对外界的感知，应该是一种波的传递。波是外界各种信息的载体。波的传递一定是振荡式地辐射到周边。凡是波振荡，它就有自身的频率。六大知觉波都有它的相应的频率范围，就是频带宽度，常称"带宽"。至于六大知觉的带宽是多少？只能由科学家们用专业设备去测定，我们只要明白这个道理就可以了。我认为可能是全息的，全频道的。这也或许是"天人合一""天人感应"的道理。人是小宇宙，天是大宇宙，小宇宙反映大宇宙，大宇宙涵盖小宇宙。人身小太极，天地大太极，事事有太极，物物有太极，小太极反映大太极，大太极内有小太极，无处不太极。由小宇宙知大宇宙，由小太极知大太极，这就是通过局部知全局，通过个体知整体，通过零知整，通过散知聚。这就是现代科学说的宇宙全息律，总归于道。道一统天下万物，万物归于道……可联想无穷。我们只要有了听劲的意识，并不断地强化它，久而久之地修炼强化，就会成为潜意识。六大知觉就会充分发挥它们的潜意识，产生潜在功能，或说潜能，为我们提供精确打击目标，做好事前准备，做到心中有数，知己知彼。推手中的听劲意识，主要是培养提前获取对方攻击意识和攻击路线的趋势，以及对方重心虚实变化的趋势。

二、跟劲意识

在听劲意识的作用下，我们已能初步听出对方劲的来龙去脉，初步知道了对方在推手中对我进行攻击的基本趋势和重心虚实的变化。为了进一步深入地知道对方劲的变化，他往哪儿去，我跟他往哪儿去，紧紧地跟上，不让其把我甩掉。一搭手一摸肘，手肘不离其手肘，在上下防护好的同时，紧跟其上。意识上必须紧跟，如果跟不上对方劲的变化，就说明打拳练的粘黏劲还不到位，还没有达到郑悟清先生说的"黏糊劲"状态。故还得好好打拳盘架，尽快提高黏糊劲的水平。

三、让劲意识

跟劲意识提高了还不够，还要提高让劲意识。对方见你跟劲意识很强，他有时会顶着劲，把你给顶回来，你不让劲，他就顶着，就变成两力相顶了。这时的你，应有让劲的意识，稍稍一让，将对方的劲让过，使顶劲减轻就行。但也不能让得太多，让劲意识太多，就会把对方的劲丢了，也就不知道对方的劲了。所以凡让过顶劲，迅即又跟上对方的劲。时刻跟上他的劲，要有这个强烈的跟劲意识，就会自然地产生逼劲。

四、逼劲意识

跟劲和让劲的意识练到一定程度的时候，就要强化逼劲意识。我不单要有跟劲意识来知道对方推手劲的运动趋势，要知道一点他的重心变化，但还不准确。这时要提高跟劲意识，接着变为逼劲意识，逼着对方的劲走，他不走我推着他走，顶得厉害了，稍让他一点，继续逼着对方的劲，使其手、肘总是沉不下劲来，越逼对方的气提得越高，而我的劲反而越往下沉。这时对方呼吸会越来越紧张，气短心慌，同时也会感觉到我的劲大力沉，这就是逼劲意识造成的。同时，我在打拳练习中的"黏糊劲"更足了，更细了，上领下坠、松沉浑厚的感觉越明显了，功力也增加了，对对方的重心虚实变化就更加清楚，不但跟得上，而且还逼得紧，使对方很难让出劲来，非常被动。运用逼劲逼得对方喘不过气，也缓不过劲来，我却对对方的重心虚实变化逐渐了然于心，掌控于身。

五、控劲意识

在搭手摸肘推手的听劲、跟劲、让劲、逼劲意识的状态下，对方的劲出不来，始终被我逼着走，很难受，很不自在，而我对对方的重心虚实变化，也越来越清楚，打拳盘架的浑厚劲越来越足，越来越松沉，越来越黏糊，越来越柔韧。推手时尽量放松，意识上把自己的体重逐渐通过搭手摸肘转移放到对方身上，让他来逐渐承担我的体重，而我则用这种方式，进一步挤逼对方的虚实转换，把对方的重心虚实变化严密地控制于我心中，丝毫不差。

六、随劲意识

其实在前几劲意识的练习中，已经不由自主地就有了随劲意识了。随着控劲意识水平的提高，我要逐渐减轻跟劲、逼劲的压迫感，而是让劲加强，让劲又不能过，过了则丢了，对方就不跟你走了，所以要慢慢地让劲。在让劲的过程中，要逐渐减轻让劲的程度，不与对方脱离。对方主动黏我的劲，我越发要轻，轻到变成牵着对方走的劲了，就变成牵劲意识了。在随劲意识中，要知道对方的劲的趋势，也要知道对方重心虚实的变化。

七、牵劲意识

随劲意识加强后，对方往哪儿变劲，我都能跟上劲，也都能随对方的劲变化而变化，并且对对方的重心虚实变化越来越清楚，对方反而要越来越依靠我，否则他的重心虚实就没有着落，就会被我牵动了重心。我用这种牵劲意识来控制对方重心的虚实变化，就变成了随人而由己了，在打拳盘架中，由松沉浑厚逐渐过渡到郑悟清先生说的"轻灵圆活"的状态了。

对方越来越摸不着我的劲了，但又不能不摸，不摸没有依靠，只好继续找我的劲，跟我的劲。我就变成似搭手非搭手，看着接手摸肘了，但又没有完全搭上手或摸上肘，只是一种意识上的搭手摸肘，空接手和肘。这就是牵劲意识，让对方跟着我走。虽不挨着，但又得跟着。这时你的拳架，应练得更加空灵了。进入了化境，越来越空灵，越来越虚无，对方越来越莫名其妙。到了这种境界，你和对方的推手就是抬手就有，撒手就去，对方会形成一种恐惧感，战战兢兢，颤颤巍巍。如临深渊，如履薄冰。

八、摸劲意识

所谓摸劲意识，就是推手练习到了这个阶段，无所谓劲不劲的，摸着对方任意一点，都能控制对方的重心。这时你的拳达到的水平，即使是练了若干年的高手，也看不出你练的什么了。有拳架无拳架，全凭意识、意念练功，逐渐脱离了练形体之功，进入到以练意识为主的练习了，站、卧、坐、走、停、吃、喝、拉、撒、睡，无时无刻不在练功，但主要是练拳外之功的意境修炼了，举动之间，说话之间，就会感应很多东西。你摸也可，不摸也可，摸了是摸劲，不摸了摸劲也在。纯粹是意识，到了潜意识、下意识的状态，此时已是由练拳进入到了修道的境界了。正像三丰祖师所说："太极拳是入道之基。"打拳是往道上修炼，修道的过程，就是向道行进的过程，就是修行。"损之又损，惟道是从"。

九、打劲意识

打劲意识是一种心劲练习，你能控制对方却不能打劲，这是心劲不到位。技能要到，心劲更要到，心劲不到，练得再好，不能使用，不能实用，那练它有什么用？练出打劲意识以后，确实能随心所欲了。你可以不打，但你必须练出来这个打劲意识。对年轻人来说，练好控劲意识，能控制对方重心虚实变化之后，打劲意识也要练出来。打拳盘架到了很高的水平，对方的重心就在我的眼里、心里，心想就有。这个时候你打就有，而且一打中的，一打全在要害，一打就伤人。举手投足，一想打，全身自然会去打。因为每打都在重心上，对方根本跑不掉。

十、发劲意识

所谓发劲意识，就是对手贴近我了，我往外放劲的意思。你来我放你就是了，有这个意思就可以了。

至于以发劲、泄劲发放人，还有各种各样的往上的抛劲，往下的拍劲，往左的撒劲，往右的挥劲……都是发劲意识。

最后，推手的意思就是模拟实战，回归生存，返璞归真，什么都有，什么都无，有无相生，太极拳道，艺无止境，道无止境。

第四章

四大技法是武术技法的共性基础

"打、踢、摔、拿"四大技法，是中华武术各流派所共有的技法，也是涵盖所有中外武术拳种的基本格斗技能。太极拳虽有"掤、捋、挤、按、採、挒、肘、靠"以及"进、退、顾、盼、定"八法五行十三势，但并不排斥武术共性的"打、踢、摔、拿"四大技法，并且涵盖了这四大技法，贯穿于十三势之中。

多年前我写的《太极拳道》一书中，曾有说法，虽是简单，但有一定的道理。人有四肢、躯干和头部，这三大部分，作为武术或说拳中的击打部分，通常用"七星"来比拟它。这七星是：手、肘、肩、脚、膝、胯、头，肩和胯包含了身体主干部分"躯干"。七星既是攻击的武器，又是防守的要害处，任意一处出了问题，在格斗中都会丧失或减弱战斗力。从另一个角度讲，太极拳的十三势技法的产生，也自然离不开这七大部位。这是形成十三势技法的本体，离开了这个本体，所有的格斗技法都是空话，都不复存在。

在与朋友的切磋交流中，有时是推手的形式，有时候是比推手更接近实际的交流，但都很难达到"生死之搏"的状态，以体现武术真正的本质。虽然我是军人出身，在部队时受过"荣辱观、生死观"的教育，这指在战时与敌搏斗时要进入的状态。置生死于不顾，非死即生，这是军队对每个军人的要求。那是民族大义、国家大义所在，必须达到"视死如归"的坚忍状态。当年的情况记忆犹新，"一不怕苦，二不怕死""平时多流汗，战时少流血"。所以人们说战友情最珍贵，它是"生死之交"。战友情是生命的托付，在生死关头，都应是战友生，自己死，牺牲自己保护战友，视死如归。而武术在平时的切磋交流中，一般都是友谊性交流，非生死之争，太极拳的推手更是如此。

  作为攻击武器来说的"打、踢、摔、拿"，"打"主要在上肢的梢节和中节，就是手、肘，但"头"也有打的功能，如头点、摆、磕、撞，以及嘴咬都是"打"里的一部分。"踢"，也是梢节和中节，即脚和膝。"摔"是全身都要用到的一种技能，上下肢的配合，身法、步法的运用，产生摔技。"拿"是四大技法中技术含量最高的一种。人们常说，好拿不如赖打。打好打，拿就难拿了，它要求技术技能全面、功夫深厚并有一定的兵法思想基础等诸多因素组合，才有可能在实际运用中做得比较好。

第一节　打

  我在《太极拳道》一书中，曾经总结为："打"

是五拳，即形意拳的"劈、崩、钻、炮、横"，比西洋拳击的老三拳"直、摆、勾"多出两拳。我们可以比较一下东西方两个最具代表性的拳种。形意拳是"上下左右中"五个方向出拳，构成从上往下地劈，从下往上地钻，由我中向敌中的炮，从左向右和从右向左的崩与横，是一个平行四边形、四角四点交叉加中心一点的运动轨迹的出拳过程。而且形意拳不单是拳头接触对方身体，它整个臂膀都能接触对方的身体，击打对方。西洋拳击是从外向里的摆，从下向上的勾，从我向敌的直，这是一种三角形的运动轨迹，主要是拳头接触对方身体，击打对方。所以说，形意拳的五行拳，基本上代表了所有的拳种出拳的运动轨迹。

太极拳道吸收了形意拳五拳的优点，是"圆圈加一点"。它是在一个圆圈内可从任意一点击打对方的浑圆体轨迹。它的出拳应是：无定式，应变化，距离短，速度快，落点准，来无影，去无踪，出手狠，勾人魂，销人魄。这样出拳预兆小，隐蔽性强，对方不知我从什么地方出拳，我没有超前趋势和轨迹可寻，从而给对方造成一定的防范难度。要想掌握它，就要从五拳基础练起。

除了拳打以外，还有掌法、指法的打。掌法有：砍、削、插、拍、撩；指法有：戳、点、抓、扣、招等。太极拳道在盘架行拳中，大部分都是用掌法行拳，用拳、用勾手的成分较小。所以学练太极拳道者，就要充分发挥掌法的功能，这是很有必要的。除掌、指打法外，还有肘的打法。肘的打法我在《太极拳道》中叫"四肘"。所谓四肘，就是用肘向四个方向击打，即上顶肘、下砸肘、里盘肘、外摆肘。"四肘"依然是划圆圈，在太极拳道的划圈走圆中，什么肘法都有了。梢节为手，中节为肘。梢节可变拳、掌、指；中节除肘外，小臂还有格挡、滚进等用法。把这种梢节和中节所产生的技击功能，我们归结为"打"。除此而外，还有对拳头的攥握松紧方式，出拳轨迹、落点等更具体、更细微的要求。加之手与眼、步、身法的密切协同配合，才有可能实现在保护好自己的同时对敌实施有效的精确打击。

第二节 踢

踢是指下肢，即腿部的脚与膝在格斗中产生的功能，我们都归结为"踢"。踢技也有很多种，各家拳法都有自己的特色和经验总结。我在《太极拳道》一书中归结为：脚的踢有六种，即正踢、侧踢、十字踢、里合踢、外摆踢、后撩踢。其实不止这六种，还应有蹬、踹、弹、跺、拨、勾、挂、劈、绷、撩等用法。膝的用法我归为"顶"一种，其实也不止这一种，当然主要的是顶，它还应有跪、拨、挑、撞等用法。我把脚和膝的用法都归结到一个"踢"上。

踢技相对于打技难了一些，因为我们平时用手时候多，手比脚下灵活得多，往往用"打"比用"踢"来得方便，练习起来也相对快一些，技能也掌握得快。踢只是下肢的一部分功能，腿主要的还是支撑体重的功能。所以，掌握踢技，一定要考虑到它的支撑功能。武行讲"手是两扇门，全凭脚打人"。还讲"起脚半边空，全凭手打人"。这些说得都对，只是立足点与出发点不同而已。

要想用脚打人，踢技必须掌握好出脚的时机，要有隐蔽性，减少预兆性，否则，消耗体力过大，得不偿失。但是踢技力大势猛，若训练有素，攻击到位，施展得好，都会给目标造成严重的伤害。另外，从防守角度看，踢技可以提腿，以低腿法截击控制对手和我的距离，使对手难以进身施技。

太极拳道的踢技在拳架里有蹬、弹、踹、拨、勾，包含膝的顶、跪、挑、拨等技能，但一般很少起高腿，用踢技击人。用低腿也主要用脚膝进行挂、勾、拐、挑、拨、踩、跺等多一些。太极拳道的技法，主要是近身、贴身与对方纠缠住时施技，把握住最好时机，叫作"贴身短打"。把人放进来打，不是逼出去打，放进来"贴身短打"，克敌"放长击远"，变我短为长，化敌长为短。越放进来，越能发挥我的优势，尤其是发挥膝顶、脚拨、腿挂、绷腿的最佳战机。

第三节　摔（跌）

摔与跌有区别。摔是进攻性的，主动摔对手，不管主动进攻或打防守反击，都是以攻为主，先下手为强。跌呢，主要是防守型的，是"后发先至"。对方进攻时，我把对方引空，并施加一点力，使对方失重跌出。太极拳讲"牵动四两拨千斤，引进落空合即出"。四两拨千斤是指悬空下坠的千斤之物，用四两之劲可以拨动，而不是千斤静止之物，用我四两之劲去拨它，那样任谁也拨不动。这是把"四两拨千斤"理解偏了，"牵动四两拨千斤"的本意，应该是"悬吊千斤四两拨"才是。

太极拳道不在"摔"与"跌"上纠缠，而是讲实质。其实质是，当我与对手近身贴身后怎样制服对手的问题。从技能上讲，摔里有跌，跌里有摔，摔跌互补。不要把它给看死了，一死就滞，一滞就僵，就会纠缠顶撞，费力耗时，说得再好，不能战胜对方，什么用也没有。我们是既要战胜对手，又要巧妙省力，这样才有可能长时间进行格斗。

太极拳道的跌，很少用摔跤里的弯腰撅臀之类的摔法，大都是用旋转、进身、绷腿，用步法、身法、占位，然后得中、控制、牵引对方失重、跌出。其特点是：动作预兆小，隐蔽性强，速度快，爆发力强；用身法惯性发人，省力巧妙，动作小而快。所以对上身的要求是，中正安舒、"吃"住对方，然后放人，也就是控制了对方的重心，并牵动它，使之突然失重而被迫跌出。

太极拳道实战模拟推手中的摔或跌，与摔跤、推手、散打、拳击等对抗性的、竞技比赛项目有所不同，它没有更多的规则限制，不需要分体重级别。竞技比赛是有规则规范的、相对要求公平的比赛形式，而真正的格斗，是没有规则要求的。在战时、在战场上，你在与敌人近身搏斗中，不可能挑选体重一样的敌人进行格斗，这时没有体重级别之分，只有一种可能，就是"生与死"的搏斗。太极拳道实战模拟推手，它是以实战为目的的格斗术，所以它从本质上来说，不应参与到现代的竞技比赛中去。一旦参与比赛，就丧失了它原有的太极拳道理念，偏离了"以弱胜强，以无胜有"的思想理论体系，变成了现代体育运动的一种形式。所以，太极拳道的推手训练，是一种实战性的模拟训练，要练为战，非练为看，是训练人的一种灵性，提高"以弱胜强"的意识和技能，逐渐达到"以无胜有"的太极拳道的至高境界。"摔与跌"比"踢"技的难度又高了一个层次。"摔与跌"，都是两人以上的、身体互相紧密接触的对抗性练习。对抗练习是双方的事，身不由己。与光打套路拳不一样，光打套路的拳没有对抗性，就相对好练一些。所以武行有话"三年的拳不如当年的跤""十年的太极不出门"，就是这个意思，就是说打拳容易对抗难。打拳的一般都只练套路，不练对抗或很少对抗，即便练习，也是编排好的对打套路练习，而并非真正意义上的对抗练习。还有的练的功和实战意义需要的功根本是两回事。一般来说，打套路拳的和只练无用功的，只要没有进行双方的贴身纠缠对抗练习，都是空练，都是自己跟自己练。空练就是没有阻碍的打拳，你想怎么打就怎么打，可谓悠闲自得。无外人、无外力干预你打拳，就没有阻力可说，你会练习得很流畅，套路表演，也一定会很优美。但一旦和人纠缠到一块儿，就大大不一样了，你想往东，对方不让你往东，你想往西，对方不让你往西，这一不让，就会发生抵抗，这一抵抗，就是阻碍，就是阻力。想克服阻碍、阻力，就得进行对抗练习。如果在实际切磋中，在双方贴身格斗中，你能表现得潇洒自如、流畅通顺，这才是真正的高手。太极拳道实战模拟性推手，就是培养实战格斗高手的一种技击性非常强的格斗术，同时，也是养生健身非常好的健身术。

第四节 拿

拿法，比摔与跌的技术含量又高一些，更要上一个层次。擒拿的技法，技术性要求越高，越难使用，尤其是在双方激烈的对决中，在不发生贴身纠缠的状态下，更是难以使用。所以常言"好拿不如赖打"。

"拿"，就是指的"擒拿"。"擒"，是抓住、控制住，不要跑了。"拿"，是拿下，抓住了，控制住了，跑不掉了。"擒拿"是控制住，还要拿下。必要时，一击必杀。

擒拿法在太极拳道中有三种类型，就是反关节，抓筋脉，点穴法。

一、反关节

反关节就是反转关节，使人受制，轻则疼痛难忍，重则骨折断裂。从人体解剖学得知，人有206节骨头，骨节与骨节之间的联系，我们称为"关节"，关节有"活关节"与"死关节"之分。反关节法，主要控制的是大关节，如上肢肩、肘、手，下肢脚、膝、胯，还有颈椎和腰椎。其次，对转动比较灵活的关节进行控制，尤其是手掌骨节、指关节、腕关节以及肘关节、肩关节。再次，才是下肢的各关节。控制上肢关节最为方便、快捷。推手中常用的採法和挒法，都是擒拿法的反关节法。控制上肢的手法相对多一些，控制下肢主要在对手倒地后。在格斗中对于倒地对手的控制，除了对上肢关节和下肢各关节尤其是踝和膝关节的控制外，对咽喉、颈椎、腰椎、胯根的控制尤为重要。这些都是太极拳道要训练的重要内容。

二、抓筋脉

抓筋脉也称"分筋错骨"。正常的肌肉筋腱都附着在骨骼之上，筋腱靠近骨节两端，肌肉附着在骨骼的表面，两端穿插在筋腱内，它们按照生理结构，有机地联系在一起。而我们的"抓筋脉"，就是要使肌肉筋腱和骨骼发生分离，改变原来正常的生理状态，产生病理的甚至远远超过病理的"分筋错骨"状态，使受者疼痛难忍。凡是有肌肉筋腱处，都可以实施此种手法。在激烈对抗和生死搏斗中，肌肉筋腱都处在紧张状态，实施起来有一定困难，所以需要加强我们在运用这个方法时的具体能力。"分筋错骨"，对我们的指功和抓拿的部位选择很重要。这是专项技术，必须在实践和专业训练中才能获得。

三、点穴法

此法是擒拿法里技术含量最高、认穴准确度最高、最易出危险、最难训练的技能之一。人们往往认为实际上不存在点穴法，只不过是武侠小说和武打影视里的一种玄虚的说法云云。其实现实中真有其法，一点不假，只是一般人不可能得到传授而已。因为它伤害性极强，如被坏人掌握，对社会危害太大，故古人不轻易传授。

中医讲，人有三十六条经络。其中有手三阴、手三阳、足三阴、足三阳，人体左右各十二条，这是正经，共二十四条；奇经四条：任、督、带、冲脉；八脉八条：阴维、阳维、阴跷、阳跷四脉各两条，谓八脉。奇经四，八脉八，加起来共十二条；正经二十四条，加上奇经八脉十二条，刚好三十六条。它们联系着人体的五脏六腑、四肢百骸，沟通表里，吐故纳新，供应气血，摒弃杂物，维持阴阳平衡，提高生命质量，有着重大作用。三十六条经络之间，又有若干络脉相连，它像网络一样，在人身内外表里之间盘根错节，覆盖全身。经络交汇点就是穴位，穴位就像电路中的开关、旋钮，调整穴位就可改变经络网络通路中的气血能量供应和废弃物质排泄的流量大小，以及开放和关闭其穴位，控制其流通和堵塞。调整穴位，可以调整人体内外表里，阴阳虚实，寒暑燥湿，心理生理的变化，可以保证健康，也可以造成伤害。针灸治病就是这个道理，进针退针，补泻虚实，实则泻之，虚则补之，平衡虚实，调理阴阳，治病疗伤，无非如此。

　　点穴法就是根据这个道理，按压戳点，抓掐扣拿，控制人之穴位，致其伤残死亡。每条经络都有若干穴位，古人说有三百六十五个大穴，可致人生死。医者救人于生死，武者亦救人于生死。自古以来，好武者必通于医，好医者必有武备，武医一家。点穴法使用的关键在于与其他擒拿法相配合，通于心法，施于手法。心手合一，手到病除；心手合一，非死即伤。人道主义，用于医，也用于武，武亦医者矣！

第五节　四大技法在实战模拟推手中的综合运用

"打、踢、摔（跌）、拿"四大技法在太极拳道实战模拟推手练习中，已经转化包含在太极拳十三势之中，使人们感觉它们更有了太极味。虽是打踢摔拿，但在举手投足之间已有"推手"的推劲在里面了，已不是单纯的打踢摔拿了，这就是综合运用的意思。

在刚开始学习实战模拟推手时，主要是把上肢转圈和下肢上下步的基本推手方法掌握好，不要急于运用什么着法。关键在推手中，以金刚式基本姿势为基准，双方在来往虚实变化中，接手摸肘，转圈换步，上下进退，左顾右盼，来复往返，看护好自身门户。对方想突进你的上中下三盘，你要先知道。你怎样先知道？这就需要用心了，把手脚贴住对方身手，紧紧粘黏住，跟进逼紧，不漏缝隙，划圈走圆，转换虚实，练听劲、练感觉，培养实战意识。当初步练习有感觉后，就可以把拳架里的有关着法，在自己人推手配合的情况下，能够找到感觉并能使用出来，逐渐能熟练地应用。这是"死着"。然后在这个基础上，双方互相略微改变一下姿势动作，给对方设一点小小的障碍，使对方使用着法有点小阻力，不那么好使用出来。然后再在其中找出能使用出来的方法，并且又能熟练使用，再达到得心应手。这时，就把"死着"变成了"活着"，有点"得劲"的感觉了。再这样把拳架内的着法，在实践中一个一个地练熟练，最后熟练地变成自己的"活着"，又变成自己的"绝着"。并能进一步的把这些"活着""绝着"，变通地灵活使用，这就慢慢地懂一点劲了。

　　拐回来说点已往的经验之谈。在推手中，往往当要使用某着法时，它不是单一的，一定是综合运用的。因为它有一个"劲"在里面，这个"劲"已经综合了四大技法、八法五行十三势在里面了。说具体点，推手中当你想发人时，对方听出劲来，不让你发，他跑了或虚实一转换，这个时机错过了，就用不上了。这个原因就是你在发放之前一露形，对方发现后变了，你跟不上劲，控制不了对方，你就发不了人了。所以在发人之前，一定要有个控制办法，这个办法就是在发前先拿，拿后再发。拿是控制，发是目的，比单纯地发人就轻松、干脆多了。这都是在实推

149

中的经验之谈，每个人都可以找到自己的适应点。比如说你想打人家一个高探马，人家不想让你打，就要跑，就要让你打不成。这时你为了防止他跑，你先打，他要跑时，你再採其手掌，把他叼回来，再打出去，这个高探马就算打成了。打人家倒捲肱也是一样，你打，他跑，你只有採着他，他想跑已来不及，就打成了。因为在推手中，双方都在移动变化，你用死着法，肯定不行，就是要把着法在变化中使用，在使用中变化，才能把死着变成活着。一变活着，就有一种"劲"贯穿在里面了，最终你在着法的使用变化中，逮住了里边的"劲"，用劲统着着法运用，就变成"活着"了。这虽然仍在"着熟"阶段，但已在向"懂劲"阶段过渡了。这就是在慢慢地提高，也才能把拳架的"着法"变成"劲法"，劲法统一了着法，由死的着法变成了灵活多变的活的着法，这就是"着熟渐悟懂劲"阶段了。

　　这四大技法结合太极拳的八法五行十三势综合运用，你一定会不断提高，并为你带来无穷的乐趣。在自己人的练习中不断摸索提高，感觉自己内在劲的变化，再与外人多推手，找感觉，逐渐提高技艺水平，真正把四大技法融会贯通到太极拳道的实战模拟推手之中去。

第五章

太极拳道实战模拟推手十三势技法训练

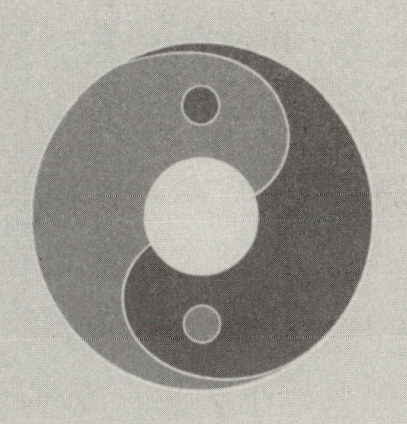

太极拳道遵循古传"掤、捋、挤、按、採、挒、肘、靠"八法和"进、退、顾、盼、定"五行十三势技法的内涵要旨，结合现今太极拳道拳架盘练中的实践经验总结，既有继承又有创新，把"八法五行十三势"的技法，进一步与实战模拟推手结合起来，赋予其新的内涵和外延，使"十三势技法"从抽象中走出来，使其更加具体，更加形象，更加实用，使当今学习者更容易理解理论和实际操作，更加接近符合实战的需要。

太极拳道实战模拟推手就是双方以基本格斗姿势金刚式搭手，在推手中模拟实战格斗的推手。既可以运用武术中的"打、踢、摔、拿"四大技法，也可以运用其他各类技法，只要结果不伤人即可。在实战中当然容易致伤致残，但我们是实战模拟训练，不能伤人致残，更不能致死，但允许各种技法的运用。至于怎么运用才能不致人伤亡，既符合国家提倡推行的全民健身运动，又能促使武术实战技击技术的提高，这是我们太极拳道在实战模拟训练中要把握的基本原则。只有这样，太极拳道才能在养生、技击并重的要旨下，生存发展下去。这就需要我们在实际操作中不断摸索，不断总结经验教训，使之逐渐完善起来。过去的推手，一说推手，就是推手，和实战运用相分离，变成了一种玩意儿。尤其是推手比赛，限制了很多技法的运用，使推手又变成了"顶牛"运动。一说实用，在推手中就会脱手断开、出手伤人。太极拳道的推手，就是要搞好这个"衔接"。接触是推手，断开是实战，介于推手和实战之间，我们搞的这个实战模拟推手，不限制任何技术的使用，但限制伤害人这个结果。可以不断实战模拟推手，也可以实战打倒对方，但技法要变。当拳脚接触对方后，不能用爆发力的寸劲、短劲等劲击打，只能在拳脚接触对方后，用推力、长劲，使对方身体产生位移而被打倒。

同样，当用摔跤和擒拿技法时，也要控制得恰到好处，不能把对方肢体搞断裂或猛砸对方躯体，造成伤害。我们就是要在模拟实战训练中提高我们的自我控制能力，控制恰如其分的能力，掌握好手下的分寸感，把握好这个"度"，这本身就是一种功夫，进则实战，退则推手，能使人心服口服。这样把太极拳道的实战模拟推手和养生健身、技击格斗，乃至其他的功用结合起来，再和全民健身运动现今这个社会主流结合起来，才有可能得到长远的发展，这才是发扬光大的光明大道。本着这一基本指导思想，太极拳道的一系列思维模式和训练方法，都要转换到这上面来，才能古今接轨，中外接轨。这就是解放思想、转变观念、把握潮流、继承传统、创新发展、开拓前进、继往开来，跟上时代潮流，使太极拳道更加朝气蓬勃地向前发展。

下边我们具体阐述、讲解、图示太极拳道对"八法五行十三势"的理解及实际训练。

第一节 掤与捋

一、掤

见图5-1至图5-4。

图5-1

图5-2

图5-3　　　　　　　图5-4

　　太极拳道，以金刚式为基本格斗姿势。左式金刚或金刚左式，即指左侧身，上左脚，左手前、右手后的金刚基本格斗姿势；右式金刚或金刚右式则相反，是右侧身，上右脚，右手前、左手后的基本格斗姿势。这个基本格斗姿势——金刚式，是太极拳道的母拳，在拳架中，所有的拳式或拳势，都是由它变化、演化、繁衍出来的。目前的七十五式拳架，就是由一个金刚式变化出来的。"变可万千式，化则为一式"，实战模拟推手亦如此。不管你怎么推手，都是在左右金刚的基本格斗姿势中划圈走圆完成的。从八法的掤、捋、挤、按、采、挒、肘、靠到五行的进、退、顾、盼、定，以及武术打、踢、摔、拿四大技法，都可以从中变化出来。所以，金刚式是最基本的格斗姿势，它具备了攻防兼备、攻守合一的理念和技术，学者对此要有深刻的认识，不可等闲视之。

155

金刚出手为"掤"。就是两手从体侧由下向上抄起，前手和后手总有一手与头同高，前后手相距约为手心到肘尖的距离，前后呼应，起到防守头部的作用，两肘要起到保护胸胁腹部的作用。同时出脚，出脚时以身躯中轴脊椎带动胯，胯有前抻裹胯之意，胯带动膝，膝有前纵护裆之势，膝带动脚，脚尖略扣守护底盘，向前上步，如军人之步伐。当前脚落地，后脚跟略离地面，形不外露，如装簧机。此时，头顶和脊椎有上领下坠之意。肩要前抻后裹，胯要裹中有抻，肩胯上下对照，肘、膝、手、脚方向一致。浑身上下一体，中心虚实转换。颠倒阴阳动静，全是灵机一片。待机而动，如猫扑鼠，有感皆应，狼吞虎咽。

"掤"就是从下往上、往前出手进行攻击的运动轨迹之意。它不是"棚"，"棚"住不落下之意，是一种误解。一个掤充满杀机，前手是掌，直出对方面部，封其眼，盖其脸，后手掌直出对方之胸窝神经丛。接触目标后，掌要收，身法进，步法催，身之惯性，欺住对方中轴，扬手即出，乃谓之掤。掤可变拳，前拳勾击下颏，后拳直击胸腹，膝顶脚踢。要有排山倒海、摧枯拉朽之气势，神如蛟龙，威如猛虎，出手不留情，留情必不赢。但作为实战模拟推手，必须有强烈的制胜意识，必须做到势到神到，放倒不伤，不用短劲用长劲。短劲是爆发力，劲短速度快，伤人内里。长劲是持续力，让人位移可跌出，不伤人。短劲在作用点时间短，主要有：寸劲、分劲、丝劲、毫劲，穿透力强，人未动内已伤。长劲在作用点时间长，劲匀持续，依靠惯性，催人拔根，放长击远，人虽倒无伤害。对敌用短劲，对友用长劲。图5-1至图5-4是个左式金刚，是拳架的第一式，是金刚式的起手（掤）。

在实际运用中，可以根据自己的习惯，用左式或右式金刚均可，视方便而用，不必拘泥。

掤和所有的动作都一样，在整套七十五式太极拳道拳架中都是在划圈走圆。"划圈走圆"是它总的运动轨迹，掤是它的轨迹的一部分。凡是运动轨迹，左右相合，由下向上，谓之"掤"，它是一个由下向上身体左右相聚合的运动态势。这个掤，不是一般理解的"棚着劲"，让人按不动的那个"棚"。这个掤就是左右合住轻松向上划圈，向上划圈划的这段弧线运动轨迹走势就是掤。你摸它，它又没有，它应是虚的、空的。这个虚空有个势能存在，这就是自然力，看不见又存在，用则有，不用则无。

二、捋

捋，就是由前边讲的左金刚式，向右划圈转换成右金刚式（图5-5、图5-6），再向下划圈转换（图5-7、图5-8）。捋是由上向下，由中向外，身体左右，合中寓开，划圈下落与掤相对的一个圆圈的另一半弧线，这段弧线是"捋"的运动轨迹。它可分成左右金刚式的捋。

图5-5

图5-6

图5-7

图5-8

这个搌，是双手掌边由外向内旋滚、边从上向下划圈的运动过程。在实战模拟推手中，是从上向下的劈技和由外向内旋滚之合击而成。前手盖头，后手搋胸，前脚先撤，后进身法，先吞后吐。当从上向下盖头劈脸搋胸之时，手先藏劲要虚空，脚稍后撤身法吞，牵引对方近我身，我手落身吐步踏进，踏入中堂身法进，前脚进后脚跟，前脚带后脚，后脚催前脚，欺身探劲，惯性催人，脚踏对方，穿裆过中，脸对脸，鼻对鼻，脚到手落，打人如薅草，对方从上向下仰面后跌，这就是"搌"。

搌的关键，踏中进身和两手先虚后实的配合火候很重要，习者要逐渐体悟。所有的搌法，都是由从上向下的劈、盖、搋来完成。若从拳种来说，诸如形意、劈挂、通背、八卦单换掌均有劈掌、劈拳之说。上劈下进，手劈脚进，全凭身法赢人。虚劈步进，身到实劈，这是诀窍。搌就是个势态，向下划半个圈就是。所有太极拳道架子里的圈，凡是向下划圈，就是搌。在向下搌的同时可以起膝，顶对手裆、腹，也可下搋其头，膝顶其脸。这个着术，是最容易运用得上的，只要存意就有。平时要有这个意识在心，久之习惯成为潜意识，随机就会自动从上往下捩、从下向上顶，默契地有机配合，其技击效果是可想而知的。

三、掤挒合一

掤是从下往上抄，运动轨迹是从下向上的抛物线，为阳。挒是从上往下的捩劲，运动轨迹是从上往下滑行之弧线，为阴。二者的运动轨迹刚好相反，一阳一阴。在实际应用中能达到有机契合。掤起挒落，挒落掤起，一起一落，起进落退。一吞一吐，吞起吐落。虚实转换，掤挒合一。掤进步、手触对方瞬间，反而要轻柔，最好形似去掤，意有回意，上不顶，身法才能进。当脚落、身法到位时，手轻点轻抄掤出，对方已被我之运动惯性抛放而出。当对方迎面进攻我时，我则借其势，盖头捩脸向下挒，上手下挒，同时避其攻击之锋锐，身借其进之势，吞尽其力，步法略退配合吞意，下手挒按到位，对方立仆同步完成。当然，膝顶、脚踢，或用拳上冲下砸均可运用，得其机势，灵活变通，不能死板、教条，全凭灵机和当时感觉，出手动脚，上掤下挒，全是瞬间有机默契自动配合。这要在拳架中着实地练出来，在实战模拟推手中体悟出来，自会上下逢源，得心应手。

第二节　挤与按

一、挤

左右合掌挤或合掌往左右为挤。挤，就是从中间插进、塞进，"见缝插针"。尤其拳架中的白鹤亮翅，两手心相对，相距手心到肘的距离。

图 5-9、图5-10 是在下往左挤；图5-11是在上往左挤；图5-12、图5-13是在下往右挤；图5-14是在上往右挤。

图5-9 　　　　图5-10 　　　　图5-11

图5-12 　　　　　图5-13 　　　　　图5-14

　　无论上挤下挤，都在一圈内完成。凡挤，步法必是左右变换，谓之左顾右盼。左右横向或调整相应的角度，步左身左手左行，步右身右手右行，上下循环，随步左右变换，忽上忽下，忽隐忽显，可走横步，也可走三角步，从左右两侧接近对方。

　　在实战模拟推手中，金刚式搭手，一开始是一手接手一手摸肘，可瞬间向斜前方进前脚，后脚滑动跟步，两手滑动，变成接手之手摸肘，摸肘之手摸肩。切记，由手到肘，由肘到肩，我之双手滑动变位要轻，要让对方感受不到我已换位，已向左或右前方挤进，贴近对方身体，则可变按，或上按或下按，要根据对方当时的身形重心而定。进步左右挤，贴身挤变按，按时手要轻，靠身体惯性自然力，把对方挤出按发之。在拳架中，有"分门桩"，两掌交叉又分门如开门状，就是一种挤。"童子拜佛"，合掌上插下分掌，也是一种挤，还有"野马分鬃"，往前边走，两手分别向两边分掌，都是挤。在这里主要以白鹤亮翅来举例说挤。

二、按

图5-15至图5-18为按。

图5-15

图5-16

图5-17

图5-18

左右内旋翻掌，掌心朝外，谓之按。往下叫下按，往上叫上按，往前叫推按。按掌必翻，翻掌必按。

如金刚式右式，双掌落下，转身又从身前捧起，复又内旋翻掌，掌心朝前，谓之按。在实战模拟推手中，按手一般在胸、腹部。大个儿按小个儿在两肩或在后背，小个儿按大个儿，在两胯尖或在两股上。发劲全在按，想发放人，多数都是按势。

三、挤按合一

挤和按是一对矛盾，相互不能脱离，按前有挤，挤后有按，先挤控制人，后按发放人。挤出缝隙，逢隙必按，这是用按的时机。左右为挤，上下为按。挤为塞进，按为吐发。按有单手按、双手按、前手按、后手按。金刚式推手，一出手金刚式，破门进身野马分鬃，野马分鬃就是前后手相继而按，脚下因按而进步，因进步身法跟进。前后手相继前按之时，手法虽到，身法步法未到位，仅是虚着造势，看似前按，其实未按。一旦步催身到，前后手翻掌落实按出，恰到好处。野马分鬃前后手滚进为挤，挤而破门，破门而入，贴身跟进，翻掌即按，前后连环，触身手虚步法进，得实不让身法催，步进身催是造势，以身体前行之惯性自然力欺入，毫不费力，使人神不知鬼不觉仰面后跌而出。

第三节　採与挒

一、採

採，是擒拿反关节法之一。採在梢节，一般都是控制对方上肢的手腕关节和指关节，也控制下肢脚的踝关节，但控制下肢关节相对难些。一般有两种形式，第一种是在对方用脚踢击之时，我要瞬间避其锋锐，迅即接近对方，双手採其踝关节，使其受制。第二种是双方在倒地后，控制对方的踝关节。在这里主要讲对上肢梢节的控制，控制了上肢之梢节，就可以节节贯串，把己之劲贯入对方之身，这就是採。

採劲要小而轻巧，转圈要小而紧凑，靠身法移动，带动手法变化而採，才能採得巧妙。往往採人採不住，或採得很笨拙，其中的原因很简单，採时让对方先知道了，再加上技法不到位。如果採前没预兆，当对方知道时，我已将对方採死，被擒、被拿，无力反抗了，如反抗则会致自身伤残。採劲小巧玲珑，全凭身法遮掩，隐蔽进行，轻而快、狠而脆。採法掌握好了，真不得了，它最能体现太极拳道以小力制大力、以无力胜有力、以弱胜强、以无胜有的战略思想。

採时，我抓握对方的接触面或接触点，一定要虚抓虚握不用力，只要形到就行。然后移动自己的步法身形，当步到、身到瞬间，接触面、接触点上的手抓手握突然旋滚抓紧握紧，由虚而实，採而到位。其要点是，对方被我採拿的部位手腕、掌、指以及小臂，因受我旋滚裹转必然形成一条轴线，而我亦要在自己身上产生一条与其相应的轴线，两条轴线平行。从两条轴线横截面看，是两点，这两点很重要，我身上这一点是圆心，对方的一点是圆周上的某点。我手抓握对方的地方就是对方轴线上的某点，又由于我抓握了对方的这一点，我和对方之间就形成了一条无形的力臂，我身上的轴线一转，也就是圆心一转，对方轴线上的这一点就会围绕我的轴线上的这一点，随我旋转。双方旋转相同的角度，我在圆点原地转圈，但对方却是转了相当的距离，我用一点点力，对方就受不了了。对方受不了的原因，是他的运动速度跟不上我的运动速度，从而被我轻松巧妙地採住了。举一反三，凡是採都是这个道理。搭手要轻、要虚，步到、身到、捲紧则要实。就是个虚实变化而已。能如此，才是真正掌握了採之精髓，怎么变化都能採，且毫不费力。

二、挒

挒在中节。人身有三节，俗语是臂、腿、身，医学术语是上肢、下肢、躯干。上、中、下三节中的中节就是上节的肘、下节的膝、中节的腰。

挒，就是我们控制对方的肘、膝、腰等部位的一种方法，亦属擒拿法中的反关节法。我们限制了对方的手和肩，用扤、压、按、别等手段使其肘关节承受重力，欲断、裂、折或被我拿死，束手就擒。限制其头和脚，用搂、勒、坐、扳等办法，使其腰椎受重力之重创而断裂、错位、脱出，轻则也会扭伤，疼痛难忍。限制其脚胯，用我之腿脚踩、挂、磕、勾等脚技，使其膝关节受到严重挫伤。

拳架中，闪通背一接手，我一手抓握对方之手，一手抓握其肘之上，迅速进步转身，用肩扛住对方肘的上部，用我抓握其手之手往下沉压并反撅其指，使其肘伸直不得弯曲。对方的肩部连接其身也自然形成下拽之势，其臂根节和梢节两头下坠，中节上扛，犹如天平称物。我手肩稍微用力，对方重则伤残，轻则疼痛难忍，其谓挒。对方正面插手我腰，欲施过背摔技，我则用云手之势扤其臂肘节之上，使对方手、肩被控制，中节被我挑扤。这个挑扤之势，亦谓之挒，挒其中节者也。

在实战模拟推手中，金刚式搭手，野马分鬃纵进，前手推按其下颏，后手在其身后搂扳其腰椎，脚下蹚进占其中堂，控制其脚下，使对方的身体上下向身后弯折，腰向我弯折，此法乃谓"身挒"。闪通背和云手谓之"臂挒"。对方如用高腿踢我，我以金刚式迅即顺势进步，肩扛其脚，双手合抱下压其膝，则是"腿挒"。还有"指挒""颈挒"等，均谓之挒。

三、採挒合一

一採一挒不可分离，有採必有挒跟随，有挒必有採辅助。採挒合一，相辅相成，精彩绝伦。以小胜大，以弱胜强，以无胜有，採挒之奥，尽藏其中。当年，西安赵堡拳一代宗师侯春秀老先生最善其技。侯老先生体型瘦高，体重仅有百十来斤，找他交流切磋的若干年轻力壮之士，无不佩服其技。其弟子，多有承传其技者。有人说西安赵堡拳一代宗师郑悟清老先生内功高强，来交流切磋者一触即发。但郑老先生晚年，亦然嘱咐几位跟随多年的弟子，身后要去侯老先生那里学一学擒拿採挒之技。事后，这几位弟子谨遵师命，又去请教侯老先生多次，侯老不吝赐教，这几位不负师望，亦掌握了侯老的擒拿採挒之绝技。同样，侯老先生也指派弟子去郑老先生处学习一触即发之技，也代有后人。由于两位宗师高风亮节，使赵堡拳在西安才有长足的发展。还有另一位宗师郑伯英老先生也做出了卓越贡献。

採挒的关键在于轻灵巧妙，不用力只用巧，以彰显其"以小制大，以弱胜强"之太极功夫。採挒要密切配合，採中有挒，挒中有採，採挒合一，忽採忽挒，不知是採还是挒，採挒不分，手到擒来是也。

第四节　肘与靠

一、肘

肘法很好理解。我在拙著《太极拳道》中曾讲到七星之用法，谈到过肘法。肘法是四肘之用，往前为顶肘，往后为靠肘，往里为盘肘，往外亦为盘肘。四肘之法，可变若干肘，总之一个圆圈内，一个立体圆内，均为各处肘法都可以用的范围。不管任何拳种，都少不了这四肘，都由这四肘变化而来。四肘之变，乃是这一圈这一圆之变。

实战模拟推手，金刚式一接手，划圈进步，手虚肘进，身跟步催。肘法若用于对敌，可用寸劲伤其内，若用于对友和比赛，只能用长劲，即肘放上之后，用一种连绵不断的相对匀速的依靠身体惯性的力，或说持续的力将对方发出去，同时需要别的劲路着法配合，既要打出肘劲，又要打得漂亮还不伤人。用肘击人，盘肘一般在对方头、脸部，顶肘在肋、胁、胸窝处，靠肘一般在人从后搂抱之时，砸肘用在对方俯身进我身之时，顺其势下砸其后背。

二、靠

靠也好理解，赵堡拳里有一说：侯家耳瓜，和家靠。和有禄著的《和式太极拳》，在"打、踢、摔、拿"四大技法之后，又加了一个"靠"，他认为应是"打、踢、摔、拿、靠"五大技法。我理解，这里就是凸显了和家之靠，和家之靠威力可见一斑。我在《太极拳道》中讲，靠有三靠，靠不出其右。靠有肩靠、胯靠（胯打）、背靠、臀靠（臀打），靠的形态为此四靠，即"肩靠胯打，背靠臀打"；靠的打法有三靠，这就是我讲的三靠之意。肩有三靠：前、后、外，胯有两靠：外和后，背有一靠加臀打。

在拳架盘练中，练至身法练习之阶时，就是练的诸靠之法。"云手"前后左右均有靠,"斜形"亦有进退顾盼靠,还有"伏虎"背靠臀打、忽灵靠。靠是太极拳八大技法之一,更是赵堡太极拳的特色之一,太极拳道更是提倡贴身靠法之承传。靠的幅度小,动作大而慢,力难以发出。它只有灵机一动,毛发炸,浑身一抖,一激灵,皮毛抖擞,有神威。当然,说起来好说,做到并不容易,一是要练到皮毛力之功;二是又能在实用中恰如其分地发挥出来。这就是既要有势之功,又要有机之能。在推手中,只要贴身挨住就可以实施,就看你练出这种皮毛力了没有。你若没练出皮毛力,用也白用,因为没有威力,反而会被人所乘。据恩师刘瑞先生说,当年郑悟清老先生的"七寸肘""七寸靠"的肘尖和肩头都可达离地面七寸之高,我想这恐怕也是"七寸肘""七寸靠"之名的来历,可见郑老先生下苦功到了什么地步,腰身之柔软到了什么地步,我辈望尘莫及。

三、肘靠合一

　　武当太极门承传有言:"远有脚踢手打,近有摔跤擒拿,贴身不离肘顶靠打,更有太极无意神打。"肘、靠不可分离,凡用肘,必有靠,有靠必先有肘。贴身短打,肘靠合一。贴身短打是太极拳固有之本色，是对于放长远击的克制。你远来我进身，进身克人之长，靠打发挥我长，扬长避短，才能打人人不知。肘靠发挥运用得当，最能体现太极拳之功夫。如若不能近身贴身格斗，那和外家拳又有什么区别？所以在格斗中，控制敌我之间的距离很重要。我们要把双方间的距离调整到这样一种状态：对方出拳够不着，起腿窝踢着发不出力，我则能迅速进步贴身，实施我之贴身肘打背靠之技。往往远踢远打未触我身，我则观之望之，以逸待劳，当其进身，我则不退步主动迎击，进身贴身，施展我之近身格斗之长。不怕纠缠，就怕不纠缠，越纠缠越贴身，越贴身越能显示我的拿手好戏。所以学者练习了近身贴身靠打肘击之法后，则自然胆壮气豪，无所畏惧。远够不着我，其能奈何？近我之长发挥更好，其更无可奈何！一般认为，太极拳应是年老、体弱、妇女、娱乐之人群打打拳、锻炼锻炼身体，尤其现在太极拳广为普及，更是远离了技击的历史年代，看不着它的技击实战之状态了。没关系，仁者见仁，智者见智，太极拳博大精深，内涵外延广泛，各取所需，各为其用。它是中国传统文化凸显到武术之中的实用技术之一，它是取之不尽用之不竭之术，它体现着文化，承载着文化。太极之理是大道之理，是中国传统文化之根本。学用太极之理，可以指导我们的一切，大到为公、为国、为民，小到指导我们的生活工作，其意深远，其利古今。

第五节　五行步法

步法是拳术的根基。拳道本身是为战胜对手进行格斗技能训练的一种体系，步法是这个技能训练体系最基本的一个方面。武术中有"手、眼、身、步法"，就是讲手法的运用、眼法的观顾、身法的转换、步法的变化。太极拳道的实战模拟推手训练，就非常重视"手、眼、身、步法"的训练，尤其重视步法的训练。没有科学的步法训练，其他三法就变成无本之木、无源之水了。太极拳道的步法和其他拳术的步法有共性也有自身特色。

太极拳道的祖师张三丰先生总结得好，他提纲挈领，提出"进、退、顾、盼、定"为其基本步法，并在当时的历史条件下，用"金、木、水、火、土"的特性来形容这五种步法。纵观世上拳法，无论中外东西，无不是由"进、退、顾、盼、定"五种步法及六个方位的三维空间所组成。"进、退、顾、盼、定"，就是"前、后、左、右、上、下"，合起来就变成"前进、后退、左顾、右盼、中定"。中定是乾坤，乾坤是阴阳。阴阳是虚实，虚实是步法变化之本，也就是太极。

在这里把中定理解为"中轴"。中轴是指人体上下贯穿头顶百会穴和下体会阴穴到脚下正中间的垂线。中轴一转，四面八方都围绕着它转，四面八方一动，中轴都会为之一动。四面是前、后、左、右，也是进、退、顾、盼，也是四正或四方东、西、南、北。八方是四正前、后、左、右，加四隅左前、右前、左后、右后。如果俯视看，进退顾盼定四边连线中间加一点，是个正方形的"四面"平面图；俯视再看，四正和四隅叠加则是"八方"平面图；再俯视看，金、木、水、火、土则是"五行"平面图。把"四面""八方""五行"的周边连线，就会发现这三个平面图是一个比一个接近圆的平面图。如果把"中定"置于这三个平面图的中间，如"中轴"一样高低上下撑开，就像吹气球一样向前后左右上下周边辐射，就变成了球体形的立体圆。太极拳道最看好"五行八法立体球形"的太极球，它最完美地反映了张三丰祖师的"掤、捋、挤、按、採、挒、肘、靠"八法和"进、退、顾、盼、定"五行的太极思想。五行步法就是基于这种太极思想，它是立体的，不是平面的，这就是它最大的特色。

太极拳道实战模拟推手的五行步法与单一盘拳架

的步法既相同又不相同。相同的都是五行步法，不相同的是拳架中的步法运动起来，不受外界阻力的影响，而推手中尤其是实战模拟推手中必有胜负之意，双方势必对抗激烈，任一方施展技艺，都会受到对方极力的反抗纠缠，这种反抗纠缠就会产生阻力。怎样克服这种阻力以达到制胜之目的，始终是我们研究的重中之重。"手眼身步法"，在实战模拟推手中处处受阻，尤其是步法首当其冲。步法是根基，步不到什么也到不了，可见步法之重要。

下边我们从进退（前后）、顾盼（左右）、上下（高低、中定）三个方面来阐述太极拳道实战模拟推手中的五行步法。

一、进退

1. 向前直进

金刚式出手，前手背接前手背，后手心接肘尖略上一点，前手虚接内旋滚进，同时后手也内旋滚进牵拨轻压其肘尖，给右手正面腾出空当。前脚向前踩踏对方中轴底线，心意透过底线之后，后脚跟进。身法随步法欺进，产生向前之惯性。身愈进手愈轻，轻而虚，虚而空，空而灵。意透身后，脚过其底，身欺其中，前掌迎面，后掌按胸。脚到身到手到，仰面跌出干脆。此步法，用的是野马分鬃前进之步法。

2. 左侧前进

双方右金刚式。我变左金刚式，从我左前方绕其右侧，滑步绕行其身后。具体做法是：右金刚式出手，前手背接前手背，后手心接肘尖。右手内旋，顺臂轻灵滑行至肘尖，左手顺臂轻灵滑行至肩头。左脚绕其身后中轴投影线上，右脚跟左脚。身法随步法，欺身其右后方。右肘弯勒对方颈椎咽喉，左手辅助按其前额下压拖带，使其失重而仰面后跌。此法也可以突然左转身打右倒捲肱，这是变术。此步法是左白鹤亮翅左绕右行法。左侧前进的步法，也可以双方出左金刚式，我变右金刚式，从我右前方绕其左侧进步，就变成了右侧前进的步法了。

3. 右侧前进

对方左金刚式，我右金刚式。我左手背轻挂其左手背，同时右手轻带其肘尖，左手内旋，轻轻顺臂滑行其肘尖，右手亦轻轻顺臂滑行到肩头。右脚从我右前方绕对手身后中轴投影线上，左脚随机跟进。我左肘弯勒其咽喉颈椎，右手按其前额。身法欺进拖带并突然右转身，打它一个左倒捲肱，或者就地放倒。这是右白鹤亮翅步法，右绕左跟步法。这是右侧前进的步法，也可反之，转换成左侧前进的步法。凡是进步，手要虚空，接触点上才没阻力，脚下才能进去，身法才能欺进。这样提高了运动速度，打倒对方轻松自然，干净利索。

4. 向后直退

双方搭手金刚式。对手欲以野马分鬃步法迎面直进我之中堂。我则倒捲肱后退，一脚后退挂其前脚，另一脚管护我裆部、下盘。我一手下划压打其前额、头顶、后脑，一手下划封护我脸部、咽喉、胸腹，身法随步法退而后靠，勿仰勿俯，避免其欺身进中，正面直击我上中下三盘。我也可在后退之时，一脚裹臀扣膝护裆后退，一脚提膝上顶其脸胸腹裆，两手内旋下滑拍击其头顶、后脑，或两手回搂勒颈磕膝。身法头领胸腹吸吞，配合其势。

5. 向左后退

双方出手左金刚式。对方左手捋带我左臂，右手出手插我后背腰部，并进右脚踏进我中堂，欲使过背摔技。在这瞬间，我顺其势让过其捋带，突然让空对方，身法向左后转，后退左脚，左脚在空间变后勾镰腿勾其右脚跟或腿弯。同时我重心随左后转落于右脚，利用身法左转后撤之惯性和对方进身背摔之惯性，两惯性合一，我以左手扳其后脑壳，右手推其下颏，随身左旋，使其右脚落空。同时我左脚随身左后旋转落地，重心落于左脚。当我左脚落地之后，我向左后旋转之惯性继续运行，使对方身旋失重向前栽跌于我左前方。此步法，是三步捶摇步之步法。

6. 向右后退

双方出手左金刚式。对方欲打我左高探马，我左臂瞬间从肩处把劲断开，使对方来势突然落空，并顺势右转身，从对方左腿内抽右腿向右后撤右脚，并用右勾镰腿勾其左脚跟或腿弯。我右脚向我右后方落地，身法继续保持向右后转的惯性，使对方打我左高探马的来势向我右后继续加速下栽。同时我左手臂向前扳压对方右手臂，右手按其颈椎向我身后右下扳压，使其形成捌劲和我身法向右后下转的惯性合力猛然栽地。此法，仍是倒捲肱的步法。

二、顾盼

1. 向左顾

我持左金刚式待立占位，对方右高边腿从我左侧踢击我头、颈，我以左金刚式出手接战，自动左转身避其锐。左手内旋外滚，使其腿顺我手臂滚旋，向我左侧身后加速滑行。我瞬间进右脚变右金刚式，双脚滑步前行，左脚催右脚，右脚踩踏中堂，心意透其身后，我身法前行之惯性叠加其高边腿前行之惯性。我双手内旋滚进向前，一前一后按发其腰胯重心部位，不但轻而易举让过其高边腿，还将其轻松远放而出。此步法，是闪通背左顾即进滑行的步法。

2. 顾左前

我左金刚式出手待位，对方在我前方突然向我左侧环行伺机进击。我左脚随势左环行，身法左转，眼法向左环顾寻求战机。对方左式金刚进攻，我则左手一手管两手，将其让出外门。我左手外滚内旋保护上盘，左脚滑行向前，左膝弯曲，身法降低，右脚催步跟进，右膝似单跪腿，右脚尖点地。顺滑行之惯性，出右立拳，迅即击其左胁软肋。是敌用穿透力、爆发力、可伤内透里；是友用惯性力、仿重力，放长击远，无伤害。此步法，是左右掩手捶单腿跪行的步法。

3. 顾左后

双方搭手左金刚式，对方左手牵带左手向我左后方包抄，并在我左后方左转身，欲用其右臂锁喉后勒我颈椎。我在此危难之际，一要冷静，二要灵敏。我左转身，随其后勒之劲缓解我颈椎被勒之压力，同时左肘尖向我左后猛击对手太阳穴、耳门等处。右手抓握其右手，我右手外旋里扣上挑，拧紧对方右手腕关节，解脱其锁喉勒颈之擒拿，并向左后方撤左脚，我头从其肘后脱出。我继续左转身，右手继续外旋里扣反采拿对方右手腕，使其右臂反被我擒拿。我左肘击后随身法继续左转，并用左手下压其颈，随身法左转外旋扣其下颏。我左旋其颈、右旋其臂和左转身法、后撤左脚、全身左转之惯性形成一股劲，轻松环顾左后。此法是左倒捲肱的步法。

4. 向右盼

双方出左金刚式，对方往我正右方环行，欲欺身从右侧进攻。我则顺势变右金刚式，不退反进，右脚插裆，直踏其中轴底线，左脚跟进，步催身进。对方也在进，我利用其进，两进合一进，加速贴近其身。我右脚到位将要落地瞬间，突然抽脚过其左膝外，脚内侧沾挂挑对方左膝小腿外侧。我右臂外旋，过其左臂向我身搂带，同时左手向前、向我右方推按其右腋下，使其向我右下方栽跌。此步法是玉女穿梭之右后两手划圈脚下转圆的步法、手法、身法，谓之右盼。

5. 盼右前

我右金刚式待位。对方左金刚式，在我右前方，用左手在我右臂内由前向其身后牵挂我右臂，并以左脚向我中堂踩踏，右脚跟进，矮身跪腿直拳击我中盘。我见其动、盼其势，右臂顺其牵挂并超其速向前，让空其牵挂之劲。同时我右脚在其左脚外侧向前滑行，左手向前下压其右肩，并起我左膝上顶其面部，我右手绕行其脑后下压，助我左手下压和左膝上顶之合力击其下颏、脸面。是敌则满脸开花，是友则膝轻挨轻触。使其前栽或后仰，则视当时之情况而定，不一概而论。此身手步法，是分门桩抱膝。

6. 盼右后

双方右金刚式搭手。对方右手牵挂我右臂，顺势进左脚绕行我身体右后方，右脚跟进，突然左转身，用右肘弯勒我喉颈，并用右倒捲肱打我右腿。在这紧急关头，不能紧张。在其锁喉勒颈下绷我右腿之际，我顺其右绷腿之势，右腿略前甩，恰让过其劲，并缓冲我咽喉颈椎被勒之势。我右腿反从其右腿外侧下落之时，忽然间右转身，右脚尖右转180°，左脚亦右转跟进，右脚落实，左脚在后，脚尖虚点地。同时右手从下抽出，随身右转，向上划圈，再向下切击对方颈椎，左手肘臂上凑其右腿，左上右下合击，使其向我右后下方栽跌。此法是闪通背的身、手、步法。

三、中定

立体圆，就是球体。球体的中心，即球心。球心即中心、重心、丹田、中定。球心特征：竖轴是上下垂直线，谓"上下中轴"；横轴是左右水平线，谓"左右中平"；纵轴是前后水平线，谓"前后中平"。三线中间相交点是中心、重心、球心、丹田，谓之"中定"。对于一个直立的人来说，从头顶百会穴经会阴穴到两脚心之间连线中点，这一垂直线（上下中轴）就是人的中轴（线）；从人的左侧过上下中轴（线）到右侧的水平线，是人的左右中平（线）；从人身前过上下中轴和左右水平线相交点到身后的水平线，是人的前后中平（线）。这三条线相交点应是人体直立时的重心点，也是人的下丹田。上下中轴、左右中平、前后中平。三者相交合一，乃谓人之"中定"。中定，其大无外，其小无内，合于大道。人在直立相对静止的状态下，能保持相对平衡，人在运动状态下，仍能保持相对平衡，就是中定，中定就是相对平衡状态。重心，是物体受重力的作用点。重力，即地心引力。那么，是否可以这样理解，物体克服重力的力叫"轻力"呢？若成立，物体克服地心引力的力，就应叫"斥力"。引力和斥力的焦点就是物体受重力的作用点，就是重心。重心稳定就是中定，人在运动状态下，仍能保持相对平衡就是中定。"重力线"应是"引力线"，从重心过地球切点达地心的直线就是引力线，也就是重力线。

人体中轴线与重力线相重合，说明"身法中正""立身中正"。两线之间夹角越小，身法就越正，夹角越大，身法就越偏。身法中正、立身中正，就是中定。在动静之中，始终能保持重心稳定，就是身体掌握相对平衡状态比较好。我们控制身体平衡水平面积的范围越大，控制重心垂直高度越高，说明我们的控制平衡能力越高越强。控制平衡能力越高越强，说明太极拳功夫越高越强。在打拳盘架中控制平衡能力越高越强，说明知己功夫越高越强。

实战模拟推手是双方共同体，在这个共同体中，既要自我控制平衡能力高强，又要控制对方的平衡能力高强，还要克服对方控制我的平衡能力也高强，在这控己、控人和反控制中仍能控制平衡能力越高越强，说明我们的知己功夫越高越强、知人功夫越高越强、反知人知己功夫越高越强。我们训练实战模拟推手，就是要训练出超常超强的自我控制平衡能力、超常超强的控制对手的平衡能力、超常超强的反控制平衡能力。这三个能力，标志着中定能力或中定水平的高低。

中定沿着中轴线上下可以无限地延长，沿着前后左右水平线（纵轴、横轴线）也可以无限地延长；中定沿着中轴线、纵轴线、横轴线也可以无限地缩短。中定的长短无限，也是大小无限。中定功夫无限，太极拳道的功夫无限。无限的事物，无限的东西，探讨研究无限，无限才有意义，无限才显人之渺小，无限才不敢狂妄自大，只能虚心求不知，以求能多知不知，方能进步。文人武人，武人文人，都以求不知而知，方为中定。

中定在实战模拟推手中，不单是步法，它更是手、眼、身、步法的综合。中定在实战模拟推手中，它是你克服对方阻力能力的水平仪。克服阻力能力的大小，标志着你的功夫高低。人的生命有限，太极拳道的功夫无限。我们把有限的生命投入到无限的太极拳道研究中，你的功夫将是无限的。

太极拳道的修炼，首先是身体，其次是心性；再首先是心性，再其次是身体；再首先是身心合一，再其次是心身合一，达到无身无心，无心无身，大道自然，返璞归真。

第六章

一论太极拳道
八法五行十三势技法

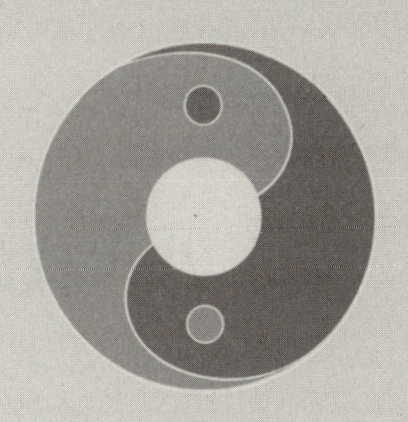

第一节　十三势技法概述

张三丰祖师传授的太极十三势技法，包括掤、捋、挤、按、採、挒、肘、靠之八法，以及进、退、顾、盼、定之五步法，为太极十三势。这是基本的技术体系，当你修炼至高深时，就是一气周流了，所有的技法则融为无极状态了，无为而无不为了。在这里，仅是入门之基础而已。本人从推手说起，拳架里的姿势、动作，在推手中如何体现出八大技法和五行步法，从太极十三势开始，逐渐从有形之着，进入懂劲之着和神明高深阶段。

第二节　八大技法

一、掤法

掤是手臂以及左右半个身体从身体中心近端向外

远端划圈，产生向外旋转的离心力，使对手被击出的技法。

图6-1，如太阳辐射，向四面八方膨胀并旋转，向外的离心力。

图6-1

二、捋法

捋的意思与掤法恰恰相反，它是依己之手臂以及左右半个身体从身体远端向近端划圈产生的向心力，由外向内的收缩吞进之意的技法，是在推手中把对方的劲吃进来、内旋进来的技法。

图6-2，如天体体积缩小，密度加大，坍缩星，指黑洞。收缩、旋转、向心力。

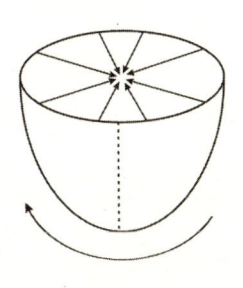

图6-2

三、挤法

挤法可以这样理解，在一个圆圈中，从圆点向四周顺半径方向、向圆周边挤迫的技法。在推手中把对手的劲挤出，挤的时候，我的手臂一定要随身法、步法的运动，产生沿臂之中轴的滚动，才可以轻易地把对方挤出圈外。

图6-3，没有旋转的离心力和向心力，只是从中间向边沿挤压，或者从周边向中间挤压。

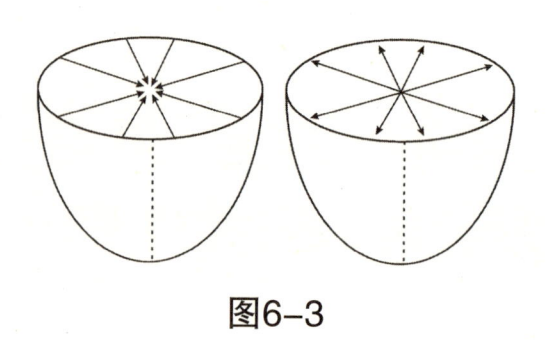

图6-3

四、按法

按法是在一个圆圈中，顺圆圈内里的弧线，从上向下按下，使对方沿着下划的弧线，如小孩子在滑梯上下滑的感觉而被按出。

图6-4，从上向下滑按，为按法。

图6-4

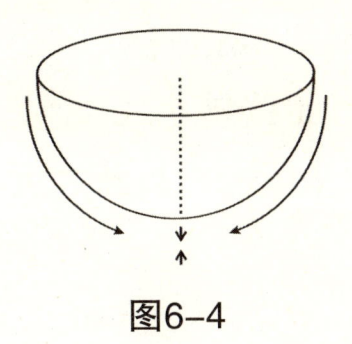

五、採法

採法是擒拿手法的一种。我在推手中，单手或双手控制了对方的手和臂，主要採梢节，使其手掌与腕关节被捲紧拿死，并被我採住不能动、控制住。

图6-5为採法。

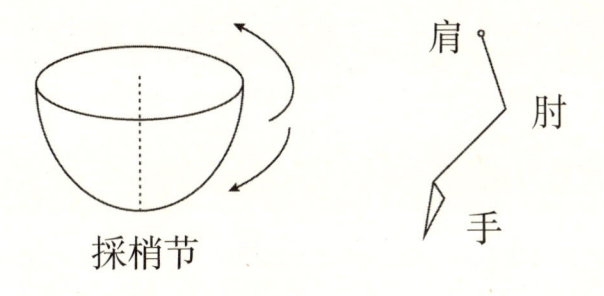

採梢节

图6-5

六、挒法

挒法也是擒拿法的一种，主要是控制对方的手臂

189

的中节。可扛手臂，我控制对方的中节，使之在转圈中肘节越转越紧，最终被拿死。

图6-6，指从中间向外折断之意。

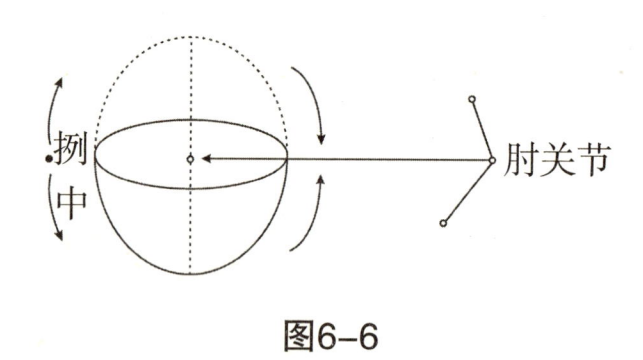

图6-6

七、肘法

肘法为近身打法，用拳不宜，用肩又远，起肘最方便，就用肘击对方。肘法主要起止四个方向：上顶肘、下砸肘、里盘肘、外靠肘。肘法狠，起肘都在要害"中心和两肋"，很容易伤人，推手时可用，只能点到为止。

图6-7，肘和捌相对，从外向中间撅折。另一种说法不是肘而是"搁"，是从一侧或一端托起沉重的物体，使其从中间受力撅折。

图6-7

八、靠法

靠法更难用，为贴身用法。在双方纠缠到一块、身体相接触的状态下，主要用靠法解围。靠主要有三靠：肩靠、胯打、臀坐。这三种方法都属于靠法。

图6-8，从中间向外靠击，像杵子一样，即过去土打墙用的工具"杵子"。

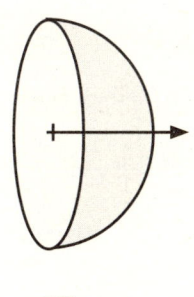

图6-8

第三节　五行步法

一、进步

凡是向前运行的步法，都是进步。在拳架里的野马分鬃的步法、左右高探马的步法都是典型的进步。野马分鬃的步法是先动身，后动腿，再移步。先动身是先动脊椎，头顶把脊椎往上一领，尾椎往下一坠，脊椎就有上下拉开、节节贯穿的感觉。我叫它"上领下坠"。脊椎在这种状态下，带动两胯上下左右向前划圈，两胯再带大腿、双膝、双踝和双脚向前如猫行。俗称"龙腾虎跃"之势。完全以身法带动，沉稳中有轻灵，轻灵中有沉稳，既飘逸又潇洒。在推手中，进步非常重要，手法再好，八法再行，没有良好的步法配合和身法的跟进，也都是"英雄无用武之地"。野马分鬃要有上领下坠、腰催提胯、甩股纵膝、探胫蹚踝、脚踩落地之意。身带步随，步进身催，上纵顶膝，左右拨挤，前踏身打，步到身到，打人如薅草。脚下的勾挂挑撩、绷踢绊弹，尽在其中。

二、退步

在拳架中，典型的退步是倒捲肱。说是倒捲肱，实是倒捲股，主要是向后退步的步法。肱与股是上下肢配合，"肱下打、股后退"，成为后退之步法。

在推手中，退也是进，进也是退，都是相对而言。往后退步时，上肢是从外向上、再向下划圈，下肢亦是从外向里、向下划圈。实际是左右半个身都是从外向上、向下、再向后边划圈边退步的。单纯从腿来说，脊椎带腰，腰带胯，胯带股，股带膝，膝带胫，胫带踝，踝带脚，由上向下、向后，节节贯通传递，向后行步。在推手中，退步不是一味地退，而是退中之进。退步引空对方，转身绷腿和上肢身法配合，在旋转划圈中，将对手掷出如抛弹丸。退步进身用跌法，正身落胯腿要绷，左旋右转贴身摔，轻松潇洒显神奇。

三、左顾

在拳架中，白鹤亮翅向左划圈，向左进步，左脚上右脚跟，右脚退左脚随。练习白鹤亮翅向左横向移步，叫左顾和右盼，和向右移步相对应。拳谚讲"闪战腾挪，左顾右盼"。闪战形容速度移动迅速快捷，如电闪雷鸣般。腾有领落之意，挪有左右忽闪。故而赵堡架中有领落架、腾挪架、忽闪架等。向左进与退，都有旋转之意，随对方之变而变，顾住左边盼右边，环顾左右划圆圈。

四、右盼

右盼与左顾对应。在拳架中，是向右行进或退的步法。横向运动，主要表现在白鹤亮翅上。顾住左边了，就可以向右移动。向右移动，实际上还是环绕划圈。右脚向右横挪一步，左脚亦随之向右跟步，右脚动，左脚亦步亦趋，动静不离。开始直接是横向移步，练到一定层次，则变成弧形划圈移步，才有了忽闪如打雷，忽隐忽显显神奇，步法动身法随，步到身到，打人才得窍。既是闪躲又是进身，一举动周身俱要轻灵。

五、中定

中定不是中停。守中用中，得其环中，中是圆心圆点，环顾周边，是步法中的一种。云手一式最为突出，还有斜行。一是由里向外划圈，一是由外向里划圈。上肢划圈，下肢随着划圈，两脚前掌脚跟，脚底内外侧，则是虚实转换，随重心移动，原地变化虚实，以应无穷。上肢划圈掤捋挤按，下肢虚实重心变换。採在梢节，捌其中间，肘打四方，贴身环靠。五行步法走圆圈，如水流动入无间，进退顾盼有中定，似气空间撒弥漫。步随身换，身随人变，得势方能得机，得机灵性之间。随机一动雀难飞，自动感应在瞬间。

第七章

二论太极拳道
八法五行十三势技法

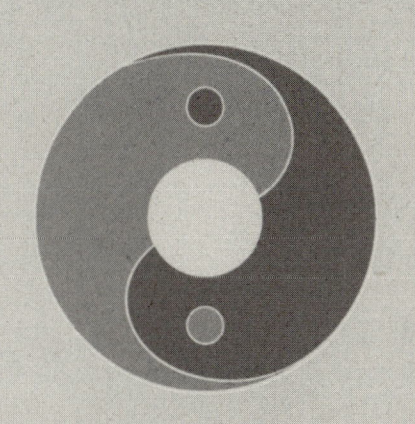

第一节　八卦八法

观之所有的太极拳都讲八法五行十三势，只是杜元化《太极拳正宗》中所讲的十三势不一样而已。但有一点是相通的，就是太极拳的八法是象太极图、五行是象"金木水火土"，它们是由象天形地之图的运转变化的形象而提出的。我们可以从太极之前的无极开始进行分析。古人认为，在天地没有形成之前什么都没有，后来天体运转中产生了大爆炸，或者在运转中使宇宙整体地发生了变化。这个时期，古人认为是无极时期，就是什么都没有。图7-1为无极。

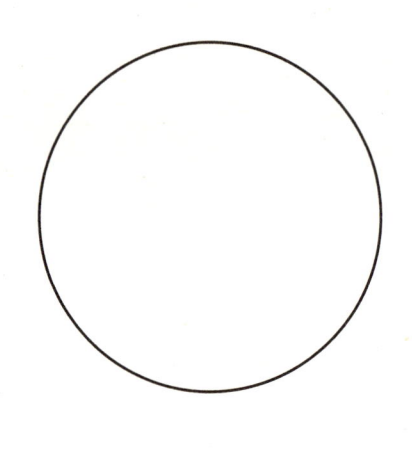

图7-1　无极

当有了一个极点，叫白洞。突然在运转中发生了大爆炸，呈裂变式，以极快的速度向周边膨胀弥漫，混混沌沌地扩散，这个时期就叫混沌时期。慢慢地，白洞内部因爆炸就会有尘埃，其逐渐塌陷吸收变成黑点，就是吸收了白洞的爆炸物质变成了黑洞。无极之中有了这些黑点、黑洞，就是混沌状态，有了阴阳变化的状态。图7-2为混沌。

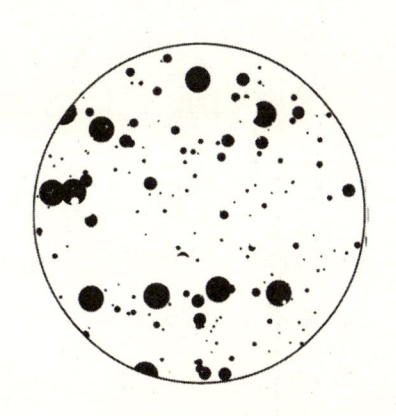

图7-2　混沌

在混沌状态下，清气和浊气都在旋转运行。也就是白洞爆炸旋转，黑洞吸收凝聚，一白一黑由快速地运转逐渐减速，由喷发状态向凝聚

图7-3　太极

状态转换，白和黑逐渐分清。白是阳物质，黑是阴（暗）物质，这就产生了太极。图7-3为太极。

太极就是由黑白两个部分组成。组成的黑白两个部分，古人就叫两仪，两仪就标志阴和阳。太极就是高速运转中的阴阳两个部分。太极图标示，太极阴阳两个部分一直在运转，逐渐地清气上升，浊气下降。清气就是白，就是阳；浊气就是黑，就是阴。最大的阳是白，是天，用乾来表示；最大的阴是黑，是地，用坤来表示。阳是"——"，阴是"— —"。阳是一长杠，阴是两短杠。白和黑对等，阳和阴对等。图7-4为两仪。

图7-4　两仪

两仪在旋转中又分成了四块。白中有黑，阳中有阴；黑中有白，阴中有阳。由阴阳两块变成了阳中有阴阳，阴中有阴阳的四块。这四块的图形，古人叫四象。四象是由太极的两仪生出的，所以叫两仪生四象。图7-5为四象。

图7-5　四象

四象阳中又分阴阳，阴中又分阴阳。四象又用阴阳一分，就是八块，也就是咱们讲的八卦。图7-6为八卦。

图7-6　八卦

这个八卦，是由"无极生太极，太极生两仪，两仪生四象，四象生八卦"生出来的。八卦可以"阳生阴阳，阴生阴阳，生成一十六卦"；一十六卦又可以"阳生阴阳，阴生阴阳，生成了三十二卦"；三十二卦又可以"阳生阴阳，阴生阴阳，生成了六十四卦"。这里就是讲万物都像阴阳生六十四卦一样生成的，越生越多，就生成了大千世界，与老子说的道生一，一生二，二生三，三生万物是一个道理，就是哲学范畴的"万物生成论"。道是无极，一是混沌，二是两仪，两仪是阴阳，三是阴阳和阴阳的统一体，这个统一体加阴阳生成万物。这就是阴不离阳、阳不离阴的意思，阴阳都是以对方的存在而存在。这个互相依存的"依存"，就是阴阳的"统一体"。这个"依存"和"统一体"就是"三"。这个三是万物，也是道。道包含一切，一切是三生成，三即道，道即三。

　　明白了八卦，就好办了，太极拳八法和太极图的八卦就对应起来了。古人就是用这种从太极产生八卦之说来说太极拳的八法的。

　　太极拳道一开始打拳都是打成圆圈，推手推成双人组成的圆圈。所以一个人打太极拳时，就要划成圆圈，我叫划圈走圆，这就是开始的无极的空圈。划圈是四肢和身体划的是立圈，走圆是步法和身法变化时走的是圆圈。四肢划立圈的同时，上肢还要滚动着转圈，下肢还要跟着中轴拧转着缠绕划圈。这样躯干、四肢不但有围绕中轴拧转的公转，还有自身的划立圈和上肢的内外滚旋的自转，最后合成一个立体的圈。图7-7为无极。

从划无极的空圈到围绕中轴上下拧转的公转、上下肢的划圈走圆、上肢内外滚旋和下肢的走圆缠绕的自转，最后在练功的质量上发生了很大的变化，使无极的空圈变成内涵外延深厚广博的立体圈，最后变成混混沌沌的浑圆体，效仿天体宇宙的混沌状态。图7-8为混沌。

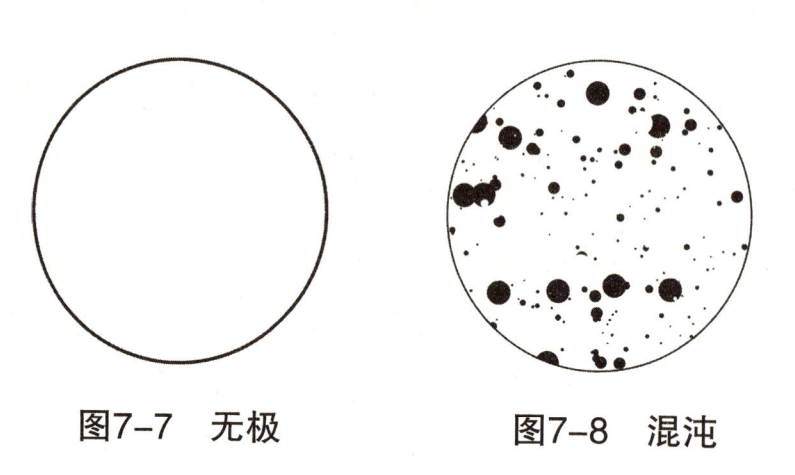

图7-7　无极　　　　　图7-8　混沌

在打拳与推手中继续拧转缠绕，划圈走圆，内滚外旋，浑圆扭转，在这个转动的浑圆体中，就逐渐有了太极之象的发生。这个太极之象，就像天体的黑洞、白洞，有坍塌，有凝聚，阴阳二气逐渐泾渭分明，阴阳就逐渐有感觉了。在拳里与推手里就是虚实变化上有些感觉了。这个虚实的主体就是重心的变化。图7-9为太极。

在继续打拳和推手中，阴阳虚实的变化越来越清晰了，就是太极生两仪了。两仪一生，阴阳变化落到打拳和推手上，就是虚实的变化。"虚实"要分清楚，拳论就要求我们分清虚实。脚下，总是一脚虚一脚实，处于待机状态，一触即动。虚实分得越清楚，动起来变得越快。打拳是这样，推手也是这样。打拳练己，练己的虚实变化心里要清楚，叫"知己的功夫"；推手练人，要知道对方的虚实变化，叫"知人的功夫"。知己的虚实变化又知人的虚实变化，再把知己知人如何对应起来的虚实变化，这叫知己知人。知人知己，才能渐悟懂劲。懂劲就是虚实变化，就是明白了双方在实作当中互相的虚实变化，能掌控己与人的虚实变化，就逐渐掌握了推手中的主动权，这就是懂劲的程度提高了。图7-10为两仪。

图7-9　太极　　　　图7-10　两仪

粗的虚实分清楚了，就要往细的纵深处继续练习，把虚中之虚实要分清楚，把实中之虚实也要分清楚，这就是四象了。落实到打拳上，就是把虚脚的虚实分清楚，再把实脚的虚实也分清楚。越分越细，越来越清楚，心要清楚，想着要分清楚。打拳推手时，要体悟虚实，处处都有虚实，不过粗细不一样。功夫越深，虚实越清楚，但在外观上要让人分不清楚，增加技击的隐蔽性，减少预兆性。图7-11为四象。

八卦就是在四象的基础上再进行细化，把四象的阴阳四块再每块一分为二，分成八块，就是八卦了。这样越分越细，越细虚实越清楚。放在盘架打拳上，说明我的知己功夫越深；放在推手上，说明我知人的功夫越深。图7-12为八卦。

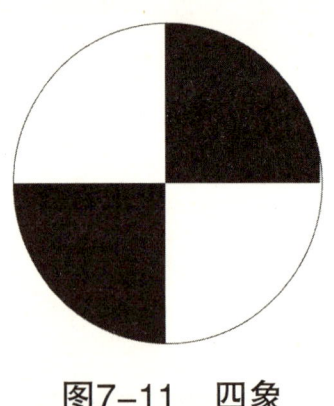

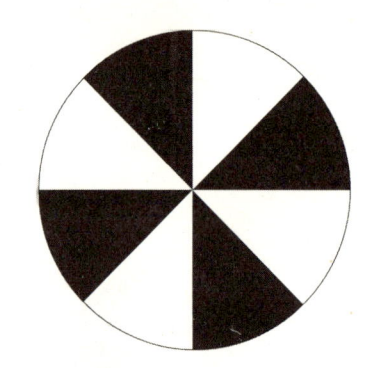

图7-11　四象　　　　　图7-12　八卦

如果继续一分为二，从八卦分下去，可分到64卦。阴阳还可以继续无穷无尽地分下去，虚实也可以无穷无尽地分下去。由粗到细，由细到精，由精到微，越练越精，越练越缜密。"其大无外，其小无内"，艺无止境。太极拳道无止境，修道无止境，做人也就不自满，只会越来越谦恭。

太极拳的掤、捋、挤、按、採、挒、肘、靠八法和八卦的关系是：用八卦之象来比喻八法的状态，用八卦之象可比喻万象。这就是古人对一种文化现象的阐释。

一个圆圈，我们从里往外膨胀。像被吹气的气球一样，由里往外膨胀起来，有圆满的感觉。有人说太极掤劲不能丢，就是这个意思。始终与对方推手时，要有一个像气球似的由里向外的膨胀的力的感觉。图中箭头由中向外慢慢地膨胀。开始练习时，是应有一个向外的膨胀劲，以便和对方接劲时始终有接触上的感觉。对方也会感觉，一直有一个掤劲存在。图7-13为掤劲。

仍然用圈来说。在打拳或推手中，我自己好像在一个圆圈中，利用圈内的旋转的力度来形容这种旋转的捋劲。在一个立体的圆中产生旋转，从上往下拉拽产生了捋劲。在圈内转圈产生的就

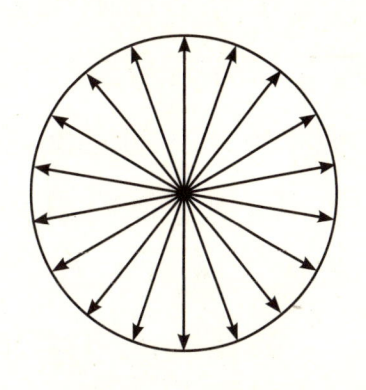

图7-13 掤劲

是挒劲。挒劲会有反作用力，不让挒。图7-14为挒劲。

一个圆球，在圆圈的周边受到向中心原点上挤压的劲，叫挤劲。在打拳或推手中，意念有这种对周边的挤压劲，就是挤劲。图7-15为挤劲。

一个皮球放在水中，我们在皮球的外面按着它，推着它滚动、旋转，就是按劲。你按它，它产生反作用力，才显示了按劲。图7-16为按劲。

採劲是拿法，当拿住对方梢节，逐渐旋紧了，造成对方骨节受损，都称为採劲。发劲之前必有採劲，发劲才能发好。在打拳中，如高探马、十字手、懒插衣的手法都带有採劲。两手在相向旋转

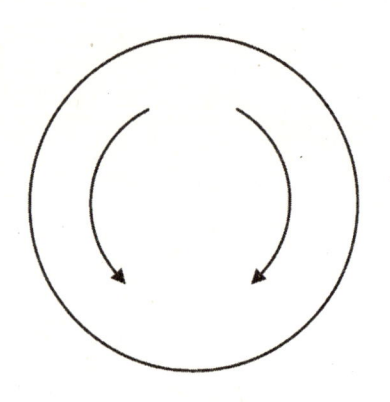

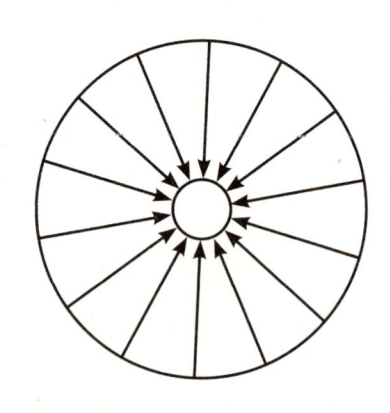

图7-14 挒劲

图7-15 挤劲

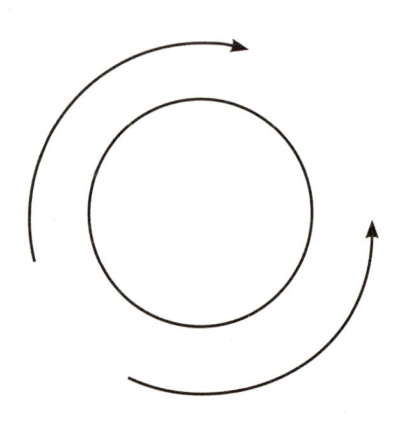

图7-16 按劲

中，其劲是逐个按圆的轨迹通过每个指头肚进行旋转的。经过长期的练习，就会有这个採劲。再加上推手中的实际练习，就能很好地掌握。图7-17为採劲。

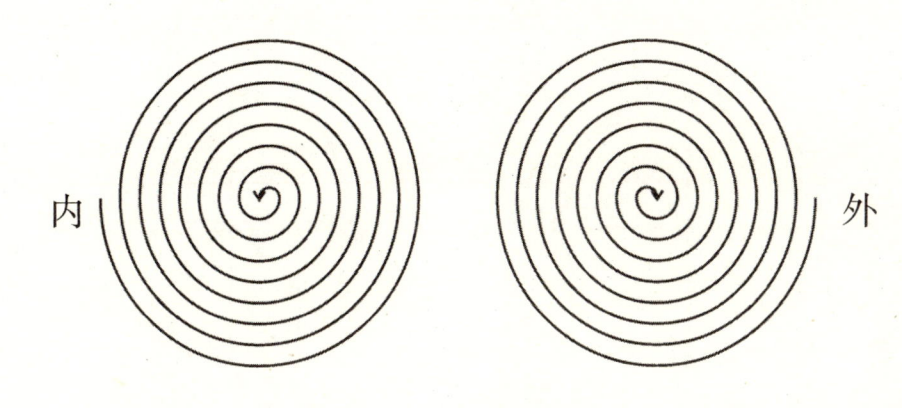

图7-17　採劲

在打拳与推手中，两手之劲，在两手心相对划圈中产生的"力偶"现象，叫挒，也叫"挫挫之力"，也是擒拿里的反关节法。採劲在对方的梢节，挒劲在对方的中节。如云手用肘弯拐对方的肘节。再如砸七星起来的擒拿搬拦对方的肘节，用的是搬拦劲，都是"挒"。图7-18为挒劲。

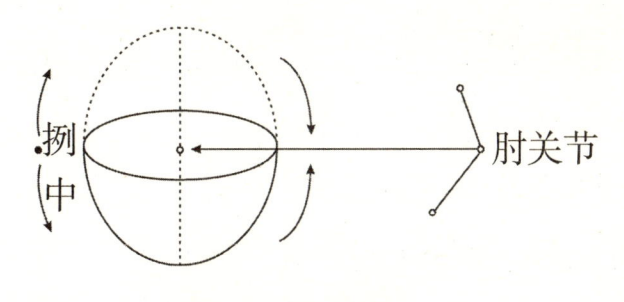

图7-18　挒劲

在打拳与推手中，以肩为轴，屈臂用肘划圈走劲，都是肘劲。在近距离双方贴身纠缠打斗中，肘击威力极大，伤害性非常强。在练拳与推手中，肩关节为轴运转，只要臂一屈就会产生肘劲。图7-19为肘劲。

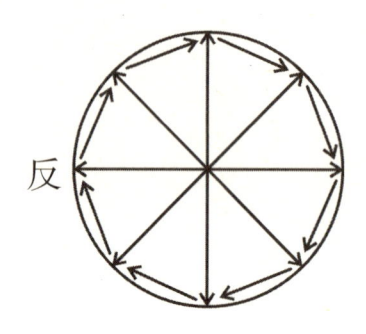

正　　　　反

图7-19　肘劲

在打拳与推手中，形成整体位移的就是靠劲，打倒捲肱，就有背向后靠的背靠劲。图7-20为靠劲。

打斜行时，一手下行，脚随虚步斜行过人之后，一手上行，身体或左或右转，脚下落实，形成一手下行、脚下过人之身后、肩贴其身施靠之势。一手上行，护我上盘或攻击对方上盘。靠劲在推手中非常实用。上行之手护头，下行之手肩靠，脚过其

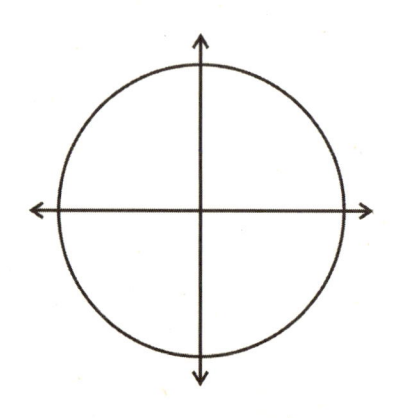

图7-20　靠劲

后，肩欺其身，叫"侧身靠"。还有"迎门靠""背折靠"等，都是贴身靠法。靠法还有胯打臀靠，以肩靠为多数。

第二节　五行步法

一、我对五行学说的认知

五行是中国古人对世界物质的认识，认为世上的一切物质都是由"金、木、水、火、土"五种物质组成的，然后用这五种物质的性质来归属万事万物，这五种物质就叫五行。从具体的五行物质到用五行的性质来归属万事万物，这就成为形而上的学问了，后来人们又叫形而上学。形而上学就是从具体事物之中，抽出它们共性的理论，再用这种理论去理解和指导其对一般事物的思维方式，这就是现代哲学意义上的五行学说了。

五行之间是互相依存的辩证关系，古人就用它们之间的关系来阐述万事万物之间的关系。根据我自己的学习研究和理解，认为有以下这几种关系。

1. 五行相生

土生金、金生水、水生木、木生火，火生土。图7-21为五行相生。

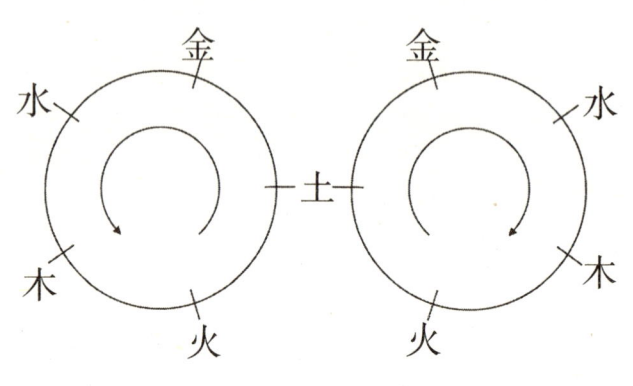

图7-21　五行相生图

2. 五行相克

土克水、水克火、火克金、金克木、木克土。图7-22为五行相克。

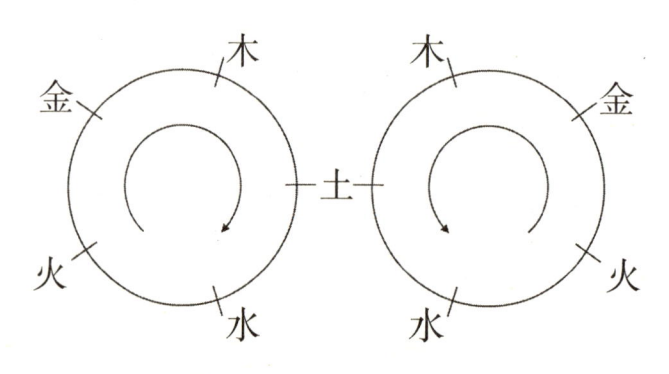

图7-22　五行相克图

3. 相生相乘

在五行相生的基础之上，再增加一定的生的量，叫乘。乘为乘载之乘，乘法之乘，乘坐相生之舟，乘坐相生之车，加大相生之生的量，顺原生而又生，谓之相生相乘。土土生金、金金生水、水水生木、木木生火、火火生土。图7-23为相生相乘。

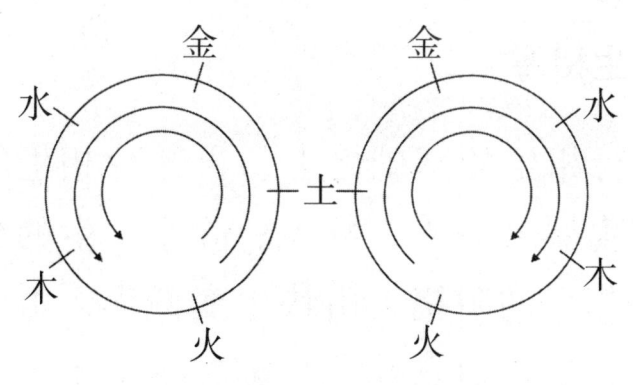

图7-23　相生相乘图

4. 相克相乘

在五行相克的基础之上，再增加一定的克的量，亦叫乘。加大相克之克，克了再克，顺克而克，谓之相克相乘。土土克水、水水克火、火火克金、金金克木、木木克土。图7-24为相克相乘。

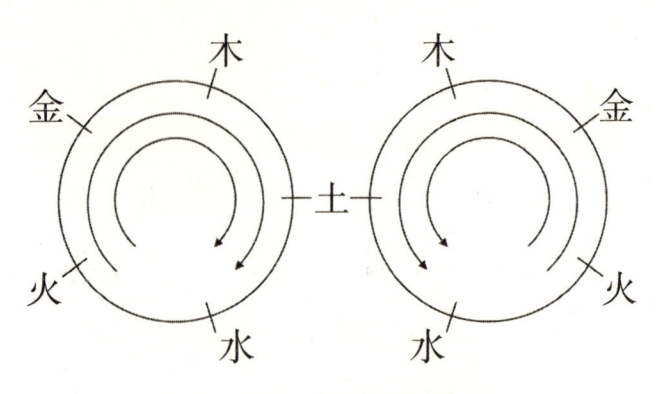

图7-24　相克相乘图

5. 相生相侮

在五行相生的基础之上，再减少相生的量，叫侮。侮即侮辱、戏弄、减少、除小，生的少，生的慢，进行相生的阻挠，由快生变慢生，由多生变少生，谓之相生相侮。半土生金、半金生水、半水生木、半木生火、半火生土。图7-25为相生相侮。

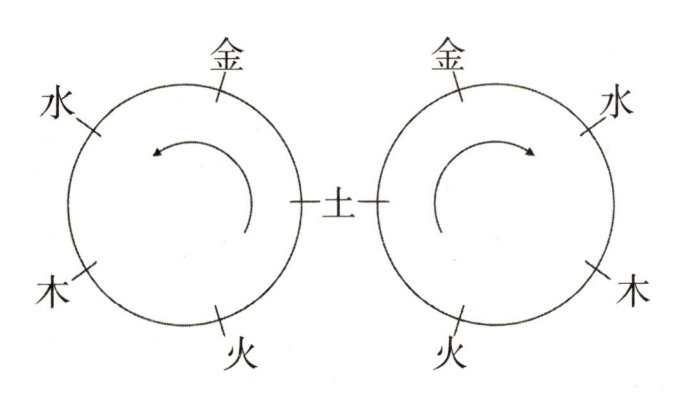

图7-25　相生相侮图

6. 相克相侮

在五行相克的基础之上，再减少相克的量，亦叫侮。本来正常相克的量大而多，我现在要减少相克的量，阻挠相克的速度，要少，要小，要慢。克是要克的，但手下留情，少克一点，谓之相克相侮。半土克水、半水克火、半火克金、半金克木、半木克土。图7-26为相克相侮。

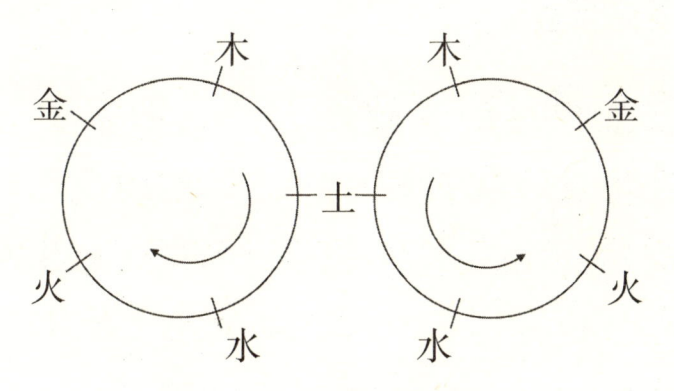

图7-26　相克相侮图

7. 相生反克

在五行相生的基础之上，现在不能再相生了，生之过了，过极了就生反。物极则反，叫反克，谓之相生反克。土生金金克土、金生水水克金、水生木木克水、木生火火克木、火生土土克火。图7-27为相生反克。

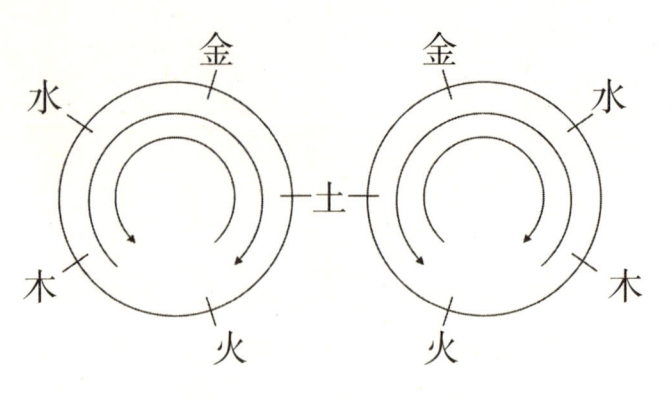

图7-27　相生反克图

8. 相克反生

在五行相克的基础之上，克的多了，克的过了，克极生反，物极则反，克的过度反而相生，谓之相克反生。土克水水生土、水克火火生水、火克金金生火、金克木木生金、木克土土生木。图7-28为相克反生。

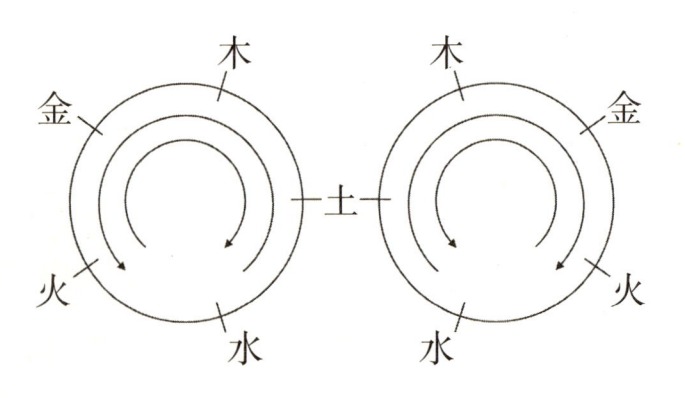

图7-28　相克反生图

9. 归纳总结

相生相克中和平衡；相乘相侮过与不及；反生反克物极则反。世上万有达到中和则近于道，中、无、空是也。

二、五行步法与五行学说的结合点与共同规则

五行步法全称是"前进、后退、左顾、右盼、中定"。我们现为叙述方便起见，可按张三丰祖师拳论的说法简称为"进、退、顾、盼、定"，也可简称为"前、后、左、右、中"。有时两种简称可以互用。

用五行学说的"金、木、水、火、土"来比喻五行步法的"进、退、顾、盼、定"，必须找一个它们之间的共同参考系数或共同参考点，要有一个相应的共同规则才能进行比照。因为五行学说的"金、木、水、火、土"是中国古人的发明，认为世界是由这五种物质组成的，并把各种物质归属到五行，它是从五行的属性来说的。五行的属性就是五行相生、五行相克，以及相乘相侮、反生反克。可参见五行相生相克、相乘相侮、反生反克的图示，这些图反映了五行学说的生克关系。

五行步法的"进、退、顾、盼、定",它是动态的,是指示行动路线的方位运行图。静止的方位图是东、西、南、北、中。静止的方位图可以用五行学说来比照:"中为土,西为金,南为火,东为木,北为水"。虽然五行步法的动态方位运行图可以向任意方向"进、退、顾、盼、定",却没有任何属性可以和五行学说相比照。但五行步法动态方位运行图的"进、退、顾、盼、定"之间,存在"生克"关系,可以和五行学说的生克关系进行比照,这样生克关系就成了它们之间共同的结合点,我们就用这个结合点作为参照系数、参考点来进行比较。下边我们就一步一步地进行分析比较,求出它们之间的共性。

1. 五步相生

(1) 云手。拳架中云手的步法,就是"中定"步法之一。中定步法,只是在原地倒换步法,使身体重心随四肢变化而上下左右倒换,不造成身体移位。云手步法原地变化,不移位,上肢则左右交错从下、从中向上、再依次左右分开、向身体两侧一前一后向下、再向中重复划圈,这种由中(内)向上再向体侧(外)再由体侧(外)向下向中(内)循环做周期运动的圈,我们称为"内圈",与其相反的圈称为"外圈"。为了与五行学说的"生克"关系相比照,我们又称"内圈"为"生"或"生圈",称"外圈"为"克"或"克圈"。简单地说,从中向上为"生",从中向下为"克"。以下相同,不再解释了。图7-29为五步相生之云手。

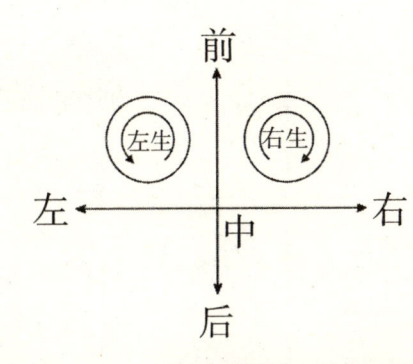

图7-29　五步相生之云手

（2）童子拜佛、分门桩抱膝。亦是"中定"步法之一。它们是双手同时划"生圈",步法原地倒换,身体不产生位移。图7-30为五步相生之童子拜佛、分门桩抱膝。

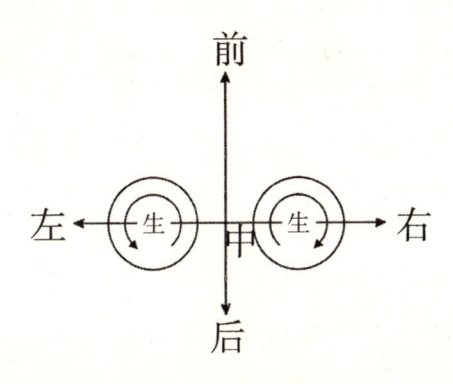

图7-30　五步相生之童子拜佛、分门桩抱膝

2. 五步相克

图7-31为五步相克。

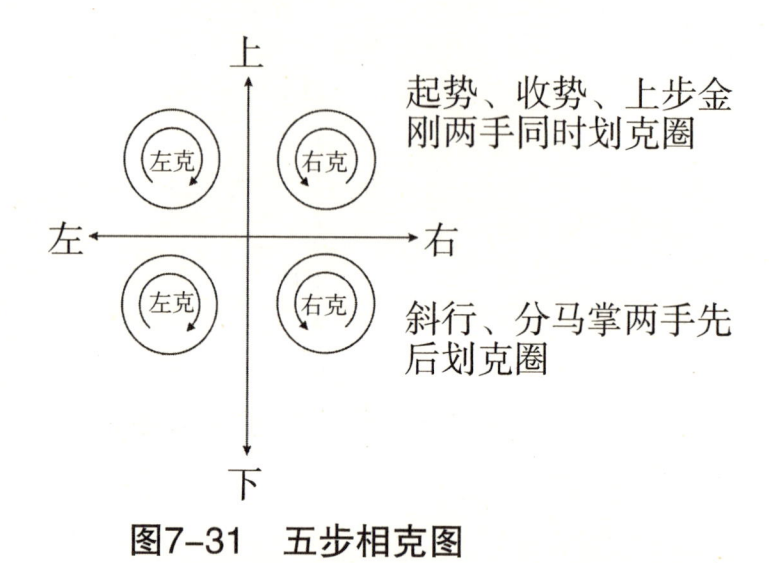

```
           上
           ↑
    ┌──┐  ┌──┐   起势、收势、上步金
    │左克│ │右克│  刚两手同时划克圈
    └──┘  └──┘
左 ←─────┼─────→ 右
    ┌──┐  ┌──┐
    │左克│ │右克│  斜行、分马掌两手先
    └──┘  └──┘   后划克圈
           ↓
           下
```

图7-31　五步相克图

（1）斜行、分马掌。它们在拳架里的步法，依然是中定步法。两上肢交错一前一后划"克圈"，脚下原地倒换虚实，身体重心随之上下左右转环。

（2）起势、收势、上步金刚。它们在拳架里的步法。同样是中定的步法，不过两上肢同时划的"克圈"，脚下原地倒换虚实，身体不移位，重心随之转换变化虚实。

原地倒换重心，身体不移位，无论两手同步划克圈还是左右交错划克圈，都是五步相克，依然是中定

216

步法。

3. 相生相乘

图7-32为相生相乘，左顾右盼。

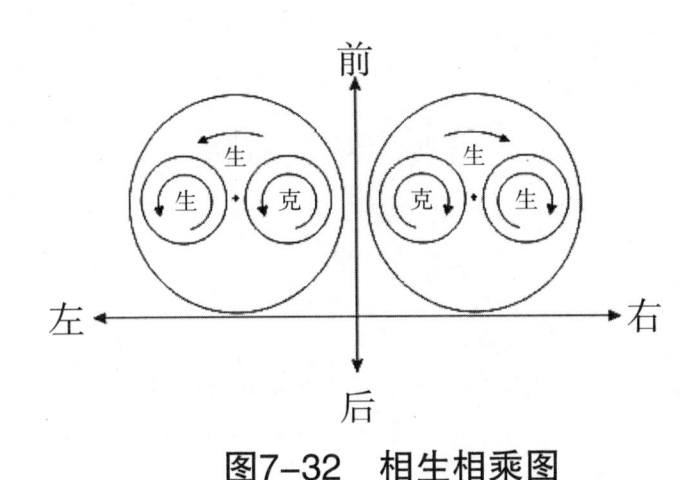

图7-32 相生相乘图

拳架中左右白鹤亮翅的运行路线，就是往左、往右进，往左、往右退和往左、往右直行。往左进、往右进就是相生相乘。如图所示，两个大圈是步法、身法和手法在往左进、往右进时共同划的圈，这两个大圈，因为都是向前进的由中向上的内圈，即为"生圈"。同时两个大圈里分别又有两个小圈，这两个小圈是做白鹤亮翅时两个手心相对在划大圈时划的两个小圈。这两个小圈的运行路线分别是一个由中向上的"生圈"，一个是由中向下的"克圈"。这样往左进或者往右进都是由一大两小三个圈组成的，而且都是

"两生一克"的圈。根据前边的"生克"关系规则的规定，两生一克就是"相生相乘"，所以白鹤亮翅的左进、右进的运行路线就是相生相乘，也是五步中的"左顾右盼"步法之一。

4. 相克相乘

图7-33为相克相乘，左顾右盼。

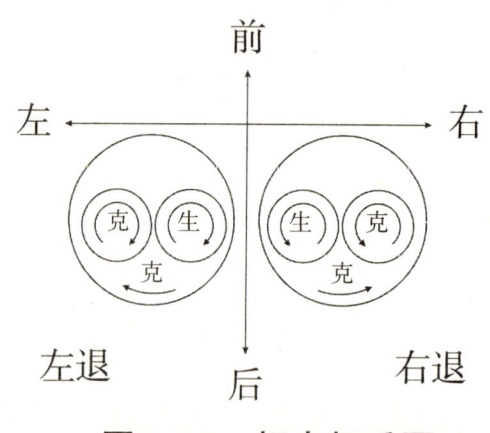

图7-33　相克相乘图

还用左右白鹤亮翅来说明。如图所示，大圈是步法、身法、手法共同向左退或向右退时共同划的一个圈。无论左退的大圈是顺时针还是右退的大圈是逆时针，都是"克"的圈。左退的圈的运行方向是由前向后、向左退的步法；右退的大圈的运行方向是由前向后、向右退的步法。从两个大圈的并行方向看，都是由中向下的运行，所以也是"克"圈。左退圈和右退圈内分别有两个小圈，左侧是左手，右侧是右手，两手心相对，合住劲，随大圈步法运行而运行，和大圈方向一致。但左侧两小圈的左圈和大圈的运行方向一致，都是克，这样就是"两克"。右小圈和左小圈相比，右小圈又是"生"圈，合起来左大圈和左右手两小圈是"两克一生"。右侧大圈一样，左手小圈是生，右手小圈是克，这样右侧大圈和左右手的两小圈，亦然是"两克一生"。规则规定："生与克的量大或多都为乘"。克多为乘，称之为"相克相乘"。

5. 相生相侮

图7-34为相生相侮，脚下步法直线左顾右盼移动。

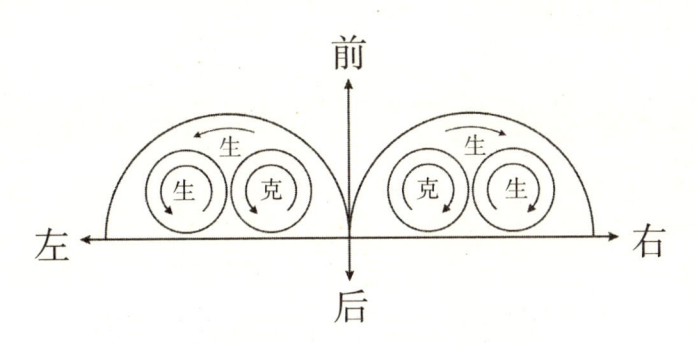

图7-34 相生相侮图

脚下直线左右移动使两手的大圈只能划半个圈，就得倒回来，再划半个圈，完成直线移动的左右白鹤亮翅。左右白鹤亮翅的步法和身法在水平线上向左或向右移动步法，两手合住劲，手心相对，共同随步法、身法划半个圈。无论直线向左还是向右，都是以前后分开从中向上的圈，划的都是半个"生"圈。而两手则随步法和身法的平行移动，不单划半个大圈，左右手也分别划两个对应的小圈。这两个小圈和半个大圈运行方向一致，依然是"一生一克"。这样往左移动的半个大圈是"半生"；往右移动的半个大圈也是"半生"。而两手小圈向右直线移动，也是"一生一克"。规则规定："生或克，量增加为乘；量减少为侮。"所以在这里向左、向右的步法、身法是平行的左右移动，只能划半个圈，减少了生的量，则应称为"相生相侮"。

6. 相克相侮

图7-35为相克相侮，脚下步法直线左顾右盼移动。

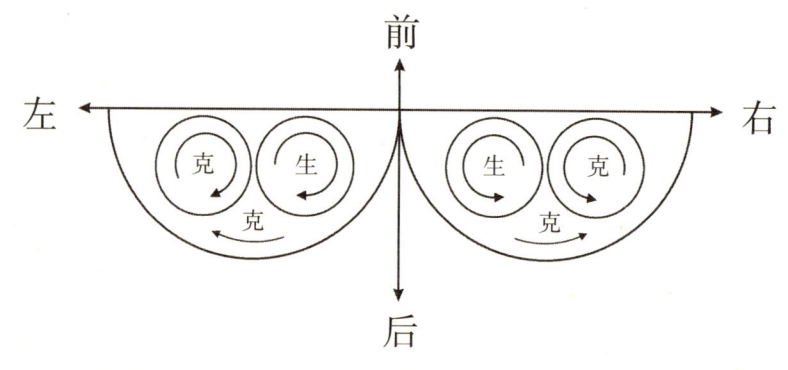

图7-35　相克相侮图

还是以左右白鹤亮翅为例。左右白鹤亮翅的步法、身法平行左右移动造成两手随身、步法只能划两个大的半个圈，两手之间手心相对，合住劲，同速同向，向左或向右各划两个大的半个圈内，同时也划两个小圈。两个大的半个圈，是从中向下的两个"半个克圈"，而左右两个大的半个圈内的各两个小圈，则是从中向上的"一生一克"的圈。规则规定："生与克量减少为侮。"这样两个大圈都减了半个大圈，量减少了一半，为"侮"，所以这里应为"相克相侮"。

7. 相生反克

图7-36为相生反克，进极反克。

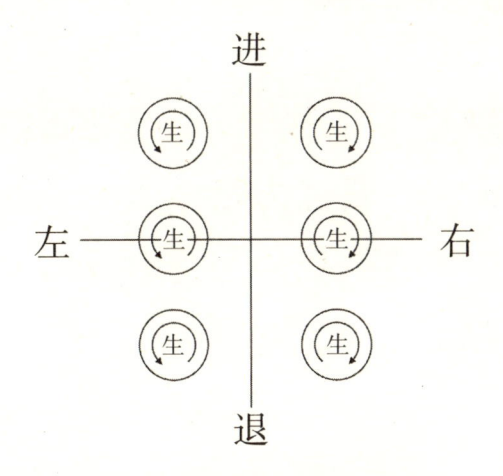

图7-36　相生反克图

五行步法的向前进的步法，在拳架中主要体现在"野马分鬃"上。野马分鬃是手脚交替、左右相错向前运行的步法，谓之"进"或"前进"。太极拳道很有意思，在个人打拳时，野马分鬃向前行进时没有阻力，不受限制，前进的速度由自己掌握，只能相生，不能反克。当你在与人实战模拟推手中，你想顺利地向前进步，挺难，要受对方的控制，不能随意，需要克服对方的阻力，才能进行。这就是"懂劲"的问题了。实战模拟推手中的步法行进，要随人随势而动。搞不好过快顶上了，撤不出来，撤得慢了也是顶，快了又丢了。顶或丢都不对，顶是过不了对方的劲，丢是黏不住对方的劲，丢、顶都会失去机势。按照规则规定，向前进的步法、身法和手法左右划的圈都是由中向上的"生"圈，当你遇到阻力，不知道让劲，一味地前顶，硬要增加过度的量去顶对方的劲，物极则反，对方突然撤劲，你会因前冲的惯性力量，大大增加向前的量，甚至会被对方引进落空而向前栽跌。这就是本为相生，反而相克。规定是"物极则反"，在此谓之"相生反克"。

8. 相克反生

　　图7-37为相克反生，退极反生。

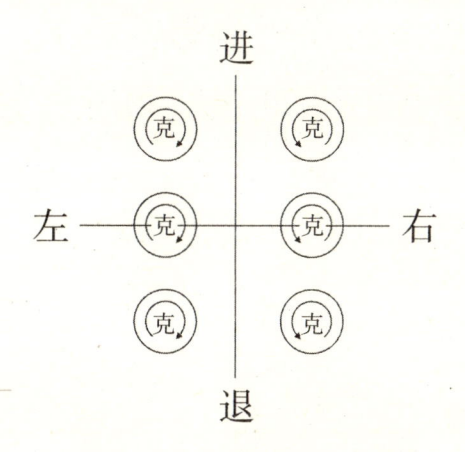

图7-37 相克反生图

五行步法后退的步法，在拳架中是倒捲肱的步法，是身体上下左右两侧，一边往后退步，一边从外向上、向内、向下划圈的向后退的步法。这种由中向下划圈，就是"克"，倒捲肱的圈是"克圈"，在实战模拟推手中的向后退的步法，都是从中向下、向左右划的相克的圈。如同上文讲的进的步法一样，退步时也是因势而为，退多叫丢，退少叫顶，不退就是硬顶。退得是否恰如其分，最能说明你的懂劲水平高不高，功夫好不好。双方推手阻力大是显然的，不像个人打拳，想怎么打就怎么打，进退多少，随性而为。但实战模拟推手则身不由己，要不丢不顶又要粘黏连随不脱离。首先要步法到位，就是退也不能太急、太多、太快，要退的合度就好，否则都会引起对方的反击。退就是"克"，退极了，克到极处就会反生。退极就会丧失太极拳道的近身格斗之长，反而使对方可以放长击远，发挥长处克我短处，这就是适得其反，"克极反生"。规则规定："生与克过量致极，则物极生反。"退极生反，克极反生，称之为："相克反生"。

9. 归纳总结

通过以上八条的对照比较，五行步法虽不能完全用五行学说代替，但也不失作为对五行步法的另外一种理解。

五行学说	五行步法
相生相克　中和平衡	相生相克　中定步法
相乘相侮　过与不及	相乘相侮　左顾右盼
反生反克　物极则反	反生反克　前进后退

10. 说明

以上所阐述的五行步法与五行学说的关系，是作者本人对张三丰祖师的五行步法学习研究和体悟的一些理解。在实战模拟推手时，一旦懂得了这个道理，明白了"生克"就是"阴阳"，就是太极，就是虚实变化的道理，就没有什么神秘的了，全凭自身的修为。要在修炼中逐渐地体悟它，明白其真实意义，千万不要钻进故纸堆里，结果成为纸上谈兵。

第三节　从杜元化《太极拳正宗》看赵堡太极拳的十三式

杜元化受到任长春宗师的正宗传授，得到赵堡太极拳理论体系的真髓，他说通过"太极拳十三式手法起源图"的练习，就可以步入太极拳的正宗。他根据当年河南省国术馆教学的需要，整理编辑著述了八册赵堡太极拳的教材，被馆长陈泮岭先生称之为"太极拳正宗"。具体情况在王海洲先生和严翰秀先生编著的《杜元化〈太极拳正宗〉考析》一书中，有极其详尽的论述。遗憾的是由于种种原因，当时只出了第一册，其他七册沦落何处却不得而知！现在我根据王海洲和严翰秀两先生编著的《杜元化〈太极拳正宗〉考析》一书中提供的《太极拳正宗》中杜氏承传的"太极拳十三式手法起源之图"，来研讨"赵堡太极拳的十三式"（注：摘自王/严书194页）。

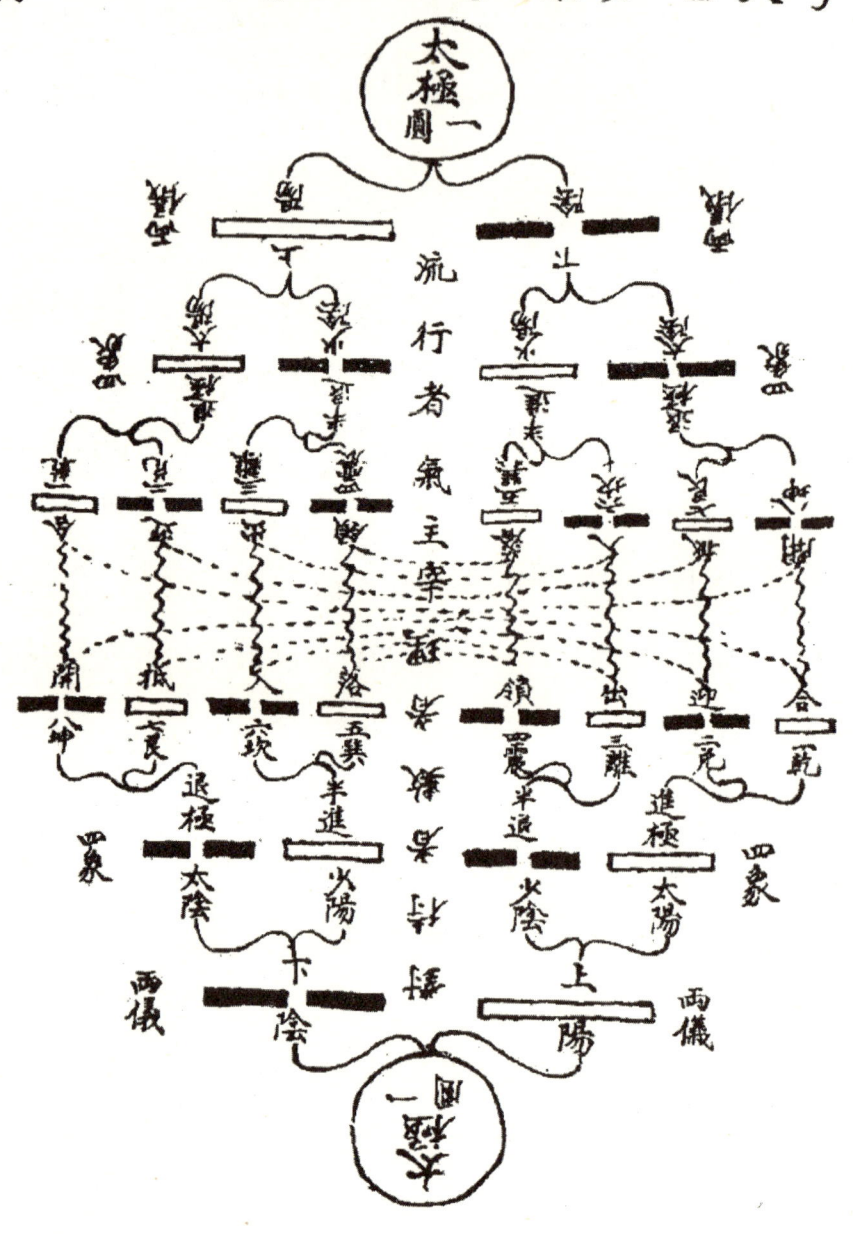

本太極拳太極十三式手，太極法始由天拳道起中包，六十四勢，三每勢要練十三字，式夠十三字手即一圓兩儀四象八卦是也。起法以天道終原之，余師云：圖苟非其人，道不虛傳。

赵堡太极拳的十三式

杜氏在"太极拳十三式手法起源图"中，先划一个圆圈，他说这个就是"太极"。然后太极"一圆"生两仪，分出阴阳，他在这儿用"上下"，表示上为阳，下为阴。两仪生四象，四象分太阳、太阴、少阳、少阴，相对太阳为"进极"，相对太阴为"退极"，相对少阳为"半进"，相对少阴为"半退"。在这里的四象就是"进、退、半进、半退"。再下来是四象生八卦，他说是"一乾、二兑、三离、四震、五巽、六坎、七艮、八坤"。这八卦讲到拳里就是一乾对"合"、二兑对"迎"、三离对"出"、四震对"领"、五巽对"落"、六坎对"入"、七艮对"抵"、八坤对"开"。

杜氏授传的十三式就是"圆、上、下、进、退（半进、半退）、开、合、迎、抵、出、入、领、落"十三个字，除了圆以外，都是阴阳对应，半进、半退包含在进退之内。

我的理解是，赵堡太极拳要想打好练好，就要遵守这十三个字的要求。这十三个字就是赵堡太极拳的精髓，每一式拳里都包含了这十三个字的要领。这是在动态运转中必须遵照的要领。但我认为，用十三式表述，不如用十三字要领表述更为妥切，一是准确，二是方便，三是好记。

第四节　赵堡太极拳精髓十三字要领

一、圆

一圆打基础。就是先把拳架的六十四式学完，再从头到尾，将每式每个动作都划成圆圈。在初始练习时，所有动作都要做到是划圆圈，而不是走弧形，必须是"圆圈"。先把圆圈划好了，这就进入了太极的"入门阶段"了，否则，永远在太极拳门外。切记！

二、上下

上下求贯穿。就是练习"节节贯串（穿）""一举动周身俱要轻灵，尤须贯力（穿）"。上领下坠，依靠重力，自然贯力，非有意用力。先要节节穿透，才能节节有孔，内劲（或内气）从孔中节节穿过串起，才能"一气周流"。"毋使有凹凸处，毋使有断续处""上下前后左右皆然"。要达到连贯一体，才能获传递之功。从而要求脊椎、四肢、骨节上下一体，身法要正，互相连贯。上动下随，下动上随，"上下相随人难进"。练得整劲，"一动无有不动，一静无有不静"。身法中正，虚灵顶劲，气沉涌泉，上领下坠，不偏不倚，上下左右虚实要分清楚，骨架领着上下肢在做"一圆"的运动。

三、进退

进退练步法。步法至关重要。步法可全进全退，可半进半退。全进是野马分鬃；全退是倒捲肱；半进是左白鹤亮翅；半退是右白鹤亮翅。"进退顾盼定""金木水火土"五行之步法，加上原地划圈走圆，用云手和斜行两式，就是"一圆"，一圆就是"定"。在此，虽然讲的是进退，实则说的是步法。步法就是"进退顾盼定，金木水火土"。

四、开合

开合练身法。开合讲的是以脊椎为界，将身

体分成左右两部分，像门扇一样，可以开合关闭。赵堡拳练习中不单是划立圈，还有左右开合之练习。无论从内向外划外圈，还是从外向内划内圈，都有开合之练习。以身体上下中轴为轴的开合，是身开合；以肩胯为轴的开合，是肩胯开合；以肘膝为轴的开合，是肘膝开合；以腕踝关节为轴的开合，是手脚开合。既有外三合，又有外三开。总归身开合，是谓身法之开合，即"开合练身法"。

五、迎抵

迎抵练黏随。迎抵是欢迎与抵触之法，正如郑悟清老先生说的"黏糊劲"，来则欢迎，放你进来，黏如鳔，粘住你，乃引进落空之法。这就是"迎"。赵堡拳还有一种劲叫"捂瓶盖"，对方的劲想出来，要把它捂住，盖住，让它憋回去，而后则跟紧塞紧，步步紧跟，用跟劲塞紧，不让其化掉。抵上不是顶上，抵是活劲不是死劲，是"木匠塞楔子"这就是"抵"。"迎"是牵引法；"抵"是跟劲法。谓之粘黏连随不丢不顶。迎抵练黏随。

六、出入

出入练渗透。出入无阻,春雨浸润,是渗透法。无孔不入,见缝插针,我入彼恍惚,我出彼懵懂,犹如水之流动,随外境变化而变化,无可阻挡。出入无阻,如影随形。两人虽交手,犹如自打拳。出入无阻,进退自由。练心意,重实际,千锤百炼,方可接近。出入无阻近神手,进退自由化无有。出入练习克服阻力,超越障碍,获得自由大智慧。

七、领落

领落练呼吸。宇宙大橐籥（tuó yuè）,人身小橐籥。橐籥是风箱,喻人之呼吸。赵堡拳讲究自然呼吸,不努气不憋气,如宇宙之橐籥,如天地之呼吸,一动一静,一呼一吸,一屈一伸,一吞一吐。领自吸落自呼,领中有落意,落中有领意。虽领落有屈伸,屈伸之中有领落。屈伸有吞吐,吞得进吐得出,吞则化来力,吐则放其劲,吞化吐放,即吸即呼。只是划圈走圆之间,经意不经意之间，领落升降，上领下坠。领则灵，落则稳，方能打人吞吐，断人呼吸，全凭领落之功。

　　笔者虽然愚钝笨拙，但经过多年理论探讨研究和数十载勤习苦练，深深体悟到，赵堡太极拳的十三式（势）和外间传出的太极拳十三式（势）是珠联璧合，两者相合，乃谓相得益彰、完美无缺。

第八章

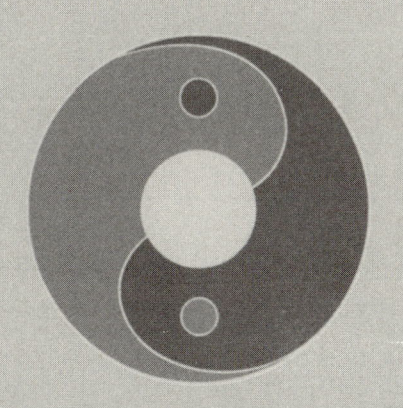

杂 论

第一节　太极拳道之实战模拟推手

太极拳道"推手"这个定义很难定,尽管近年写了不少,也一直在考虑怎样写,但这个定位是特别难的。

原本作为一种拳术,一定是首先要讲技击的。尤其自古以来,不仅人类,凡有生命的物质,即生命体或生物,都存在生存问题。我真正明白"生存"二字,其开悟也是在近两三年间。"人活着为了什么?"以前似乎是知道,但是似是而非。就这个"人活着为了什么",我也曾请教过一些人,但大都回答:"你提的这个问题太大了,一下子难以回答。"还有些人,干脆不知你想问的是什么,想知道什么。就这个问题,我近年以来也在有些场合讲过。后来我明白了"人活着是为了生存"。宇宙,大千世界,所有的生物都是为了生存。不过生物的生存是一种自然的繁殖现象,逐渐地进化而已(达尔文的进化论)。随着时间的推移,历史的不断发展变化,生物的生存,尤其是人类的生存已经从简单的生存到了很高级的阶段，要求生存的质量越来越高。生存产生了斗争，斗争是为了更好的生存。从史前到人类发展史看，就是一部斗争的历史。与天斗，与地斗，与禽斗，与兽斗，与人斗，以求生存。斗争工具从石头到树枝，从冷兵器到火器，从常规武器到核武器，从航空到航天，都为寻求更大的生存空间。人类也从原始文明、畜牧文明、农业文明、工业文明，发展到现代文明，走过了一个一个的历史阶段，创造了一个又一个的文明社会。为了生存在斗争中产生的人与动物、人与人、人与自然的格斗技击技能，以武术的形式保留了下来，成为一种文化现象。现代的武术就是一种文化。中国的武术文化博大精深，内家外家，门派林立，而唯有太极拳，是主动运用天底下最大的大道理"太极"来作为它的理论基础和指导思想的。太极之道，就是老子之道。老子之道是"隐"，太极之道是"显"。以显张隐，就是太极拳道的目的。

　　武术的最基本内涵，就是"格斗、搏斗、技击"。有人解释为，"武"字是"止戈为武"，这也对，反过来说就是"用武止戈""以武息武"，其内涵亦然。太极拳道的实战模拟推手，就是研讨武术基本内涵的一种技击之道。其一，对敌生死搏杀，技击格斗，防身自卫；其二，对友实战模拟，切磋交流，到位不伤。其三，陶冶性情，养生健身，交友娱乐。

第二节　推手是太极拳道　　　　实战模拟训练的途径

　　推手是太极拳道修炼技击实战格斗技术的一个途径，是双方在推手对抗过程中找出和拳架练习中进入一种准技击的方法。一般情况下，太极拳道的拳架练习，已经把推手和实战方面的身体功能进行了特殊的训练，身体上已经具备了实用的功能。推手主要是强化心理意识和检验在拳架中练习的方法技能，观察其是否在推手中运用出来。我经常认为，拳架是练的形体功夫，推手是练的意识功夫。这意、形一合，就是实用的功夫。

　　第一阶段是"着熟"阶段。因为推手双方有意与无意就进入了一种不想对抗都会对抗的身不由己的状态。你想往东，对方不让你往东，双方都不是情愿的，就会发生抵触，心理意识的抵触和身体上的丢顶，就会发生双方的纠缠交织状态，这恰恰是发生在太极推手的初级阶段，也就是"着熟"阶段。着熟阶段主要是训练和对方如何纠缠，克制对方的拳打脚踢，让对方拳打不出来，脚踢不上，我反而可以结合自己打拳打出的形体功夫，以具体的"着法"打击对方；或者封闭对方，使其上肢打不成，下肢踢不成。一个人在没有对方对抗操练的状态下，打拳没有阻力，是由己不由人的自由状态，拳打脚踢的速度可以自由自在，想快就快，想慢就慢。尤其想快没有阻力，想多快就多快，只要你的身体机能能够达到。这是可以在拳术套路比赛表演中观察到，或从个人自己练习拳架、套路中感受到的状态。然而在推手的时候，你想快快不成，你想慢慢不成，反正不由你。它是双方的事。推手是相当于两个人配合着在共同打拳，既然是双方的事，相互间由不由你都会产生阻力，所以经常表现出来的是互相纠缠不休，谁拿谁也没办法。其实，这就是推手的初级阶段的自然表现。我们不但要适应，而且要把这种阻力或者说纠缠力练好，使对方"打踢"不易上手，反而受到我的阻碍、阻挠、干扰而身不由己，这就达到了太极拳以静制动、以慢制快、以弱制强、后发制人的目的了。通过"着熟"阶段的练习，不仅自己把拳架中的着法运用的问题解决了，关键是练习我怎样能粘黏住对方，增加与对方的胶着状态，并趁此机会再寻求得势得机的势态，出着制敌，后发而先至。你能纠缠着对方，对方的打与踢的速度就快不起来。我们打太极拳就是要扼制住一般外家拳的看似凶猛快速的拳法，这就是如封似闭，运用如封似闭的战术时，就是推手着熟阶段的主要目的。如封似闭的战术手法，主要体现在从外向中、向下划的里圈和小臂向里缠绕滚动的滚劲上，如倒捲肱、斜行、起势、收势、上步金刚等式，这就能控制对手的攻击，这就是打的防守攻击，让对方时时处处都不得劲，想快快不起来，想打打不成，想踢踢不成，真是如陷泥潭，如置蛛网，似绳捆索绑，给对方心理上造成很大的压力。还可以时不时趁对方不备，我运用一些着法还击对方，使其防不胜防。第一阶段，就是在这样粘住、黏住、缠住对方的格斗中，增加对对方劲力来龙去脉的了解，从而逐渐就过渡到"懂劲"阶段。

  第二阶段是"懂劲"阶段。所谓懂劲，也分很多个层次。太极拳道在打拳盘架子的过程中，就是练习知己的功夫。所谓知己，就是知道自己身上的劲力或内劲、内气循走的走向怎样，是否流畅，到了身体什么地方，你都能感受得到。如果自己确实能体悟到，认识到自己走劲的来龙去脉，这就说明你初步懂得了自己的劲在自身内部运行的情况。这个主要是在拳架中盘练出来的，自己必须吃苦，必须勤奋地练习，并且在老师的指导下，将推手中可能会遇到的情况在自己身上能反应出来并能化过去，这是很不容易的。仅仅懂了自己的劲还不行，还必须在推手当中去适应，因为双方是推手，推手就有对抗。推手是经常身不由己的，你想这样，对方不让你这样，你想那样，对方也不让你那样，这就是遇到了阻力。怎么克服这个阻力？除了我们在盘架子时要把身体处处都练到位，练得非常熟练，还要强化意识训练，要强化不与对方抗力的意识，在顶抗丢扁中，逐渐找着自己，怎么才能把对方来力化解掉，并能放到对方身上，在互相纠缠中找自己的出路，克服阻力，遇力即变，遇顶即绕，逆来顺受，使对方的劲尽量放不到我身上，放到也不实，而我则能逐渐把我的劲放到对方的身上，让其走不了。然后再跟若干人进行练习，尤其与生人进行交流切磋，从而逐渐达到懂人劲、懂己劲的状态，这样什么劲来了都可以"过劲"，都可以"化劲"。把这种意识和身体训练的状态转化成下意识的反应，有感即应，随机变化，这就逐渐进入到了"懂劲"阶段。一旦"懂点劲"了，你的兴趣会大增，随时都想找人"试一试""摸摸劲"，越练越起劲，越练越想练，越练越顺溜，越练越能找到自我，也就越练越灵光，慢慢地就把懂劲的灵性练出来了。再后来，越练越细腻，越练越精准，就会逐渐向虚灵、向浑身透空处练习了，最后就进入了"神明"阶段。

第三阶段是"神明"阶段。神明并不难，难的是"你能否永无止境地追求"！当你与很多人练习实战模拟推手时，都能让对方感觉到你是空的。你最后就会和自己练，一直找自己的不足，越练水平越高。高到一定的程度，一般人是很难企及了。最后，形体练习是次要的，关键是心性的练习，这时的练习，已不是单纯的打拳和推手的练习了，而是进入到永无止境的状态，练习的全是拳外之功，这就要看自己的修为了。要多学习，举一反三，隔行不隔山。要时常豁然贯通，一以贯之，得天下一，得其一，万事毕，万法归一，进入一种道的境界，炼神还虚，炼虚入道了。艺无止境，永无尽头，这才是太极，穷毕生之精力，探讨、研究、学习、提高，都到不了头的。

第三节　实战模拟推手接手占位与金刚式的心法

一、再论接手占位

刚开始学习推手，有些懵懂。讲什么八法呀，讲